U0864400

美丽盐都

Mei Li Yan Du

创业开放　生态富民

打造新高地　迈上新台阶

图书在版编目（CIP）数据

美丽盐都：图话盐都建区十年 / 盐都区委党史工作办公室编.
—北京：方志出版社，2016. 12
ISBN 978-7-5144-1531-5

Ⅰ. ①美… Ⅱ. ①盐… Ⅲ. ①区（城市）—地方史—盐城市—2004~2014—图集 Ⅳ. ①K295.33-64

中国版本图书馆CIP数据核字（2015）第007995号

美丽盐都——图话盐都建区十年

编　　者：盐都区委党史工作办公室
责任编辑：徐　宏
出 版 人：冀祥德
出 版 者：方 志 出 版 社
地址　北京市朝阳区潘家园东里9号（国家方志馆4层）
邮编　100021
网址　http://www.fzph.org
发　　行：方志出版社发行中心
电话（010）67110500
经　　销：各地新华书店
印　　刷：南京顺和印刷有限责任公司
开　　本：787×1092　1/16
印　　张：13
字　　数：318千字
版　　次：2016年12月第1版　2016年12月第1次印刷
印　　数：0001～1000册
ISBN 978-7-5144-1531-5　定价：168.00元
·版权所有　翻印必究·

《美丽盐都》编辑部

总 策 划　刘小清

主　　编　王长江

副 主 编　许建新　唐　华

执行主编　唐　华

编　　辑　刘　菲（女）　陆叶青（女）

图片统筹　刘晓滇

版面设计　张南海

“强富美高”新盐都
“一极一园一业”新高地

重抓一极一园一业
为高水平全面建成小

致力创新生态富民
康社会而不懈奋斗

——中共盐城市盐都区委十四届二次全会

前言

QIAN YAN

为进一步服务区委第十四次代表大会践行“发展新理念，提升区域竞争力，为率先全面建成小康社会而努力奋斗”的中心工作，宣传撤县建区以来全区干群在区委区政府的领导下，全区上下学习贯彻习近平总书记系列重要讲话精神、奋力开启率先全面小康新征程、合力推进建设“五大”盐都新实践所取得的令人瞩目的成就，留下全区人民在建设更高水平的小康社会征程中的光辉足迹，展示盐都在政治、经济、文化、社会、民生诸领域的突出亮点，充分体现美丽盐都及可持续发展等诸多层面内容，激发全区干群的自豪感和自信心，激励全区上下统一思想、开拓奋进、凝心聚力、攻坚克难的热情，更好开启全面建成小康社会新征程，区委党史办编纂了这部《美丽盐都》。

盐都 2004 年撤县建区以来，全区上下全面贯彻党的十六大、十七大和十八大会议精神，始终坚持发展第一要务，解放思想，创新实践；始终坚持高新鲜明导向，聚焦项目，引领转型；始终坚持为民根本宗旨，造福百姓，促进和谐；始终坚持全面从严治党，锻造队伍，锤炼作风。凝心聚力、拼搏实干，各项事业迈上新台阶。综合实力在稳健增长中进一步攀升。从撤县建区时的国民生产总值 90 多亿元，财政收入 5 亿多元，人均国民生产总值 1000 美元，到 2015 年底，实现地区生产总值 407 亿元，一般公共预算收入 36 亿元，人均国民生产总值 8000 多美元。2012 年在苏北地区率先跨过小康门槛，2014 年全面建成小康社会综合得分苏北第一，连年跻身“中国市辖区综合实力百强区”。发展质态在转型升级中进一步优化。坚定实施创新驱动战略，推进转型发展、提质增效，二三产业占 GDP 比重达 90%，科技进步贡献率达 61%。2015 年 2 月，国家高新区成功获批，正式纳入国家创新体系。城西南现代物流园创成省首批 7 个示范物流园区之一，电商快递产业园获评省电子商务示范基地，粮食生产实现“十二连增”，连续四年被评为全省高效农业发展先进县，农业现代化综合排名位居苏北、苏中前列。改革成效在精准发力中进一步彰显。制定全面深化改革实施意见和经济体制改革工作要点，在重点领域和关键环节改革上真发力、快落地。城乡面貌在统筹协调中进一步改善。编制实施新型城镇化与城乡一体化规划，常住人口城镇化率达 61.1%。高新区核心区建设列入全市城市提升“十大工程”，“一核一轴一心”建设初具形象。民生福祉在和谐共建中进一步提升。创成全省首批、苏北唯一的省义务教育优质均衡发展区和省首批公共体育服务体系示范区，创成全国文化先进区和省公共文化服务体系示范区，医药卫生体制改革成果丰硕，农村居民大病保险全面实施，居家养老实现区域全覆盖。党的建设在全面从严中进一步加强。扎实开展党的群众路线教育实践活动、“三严三实”专题教育和“两学一做”学习教育活动，全面从严治党的内涵不断丰富、基础不断夯实。

《美丽盐都》是一部美丽盐都的全景图。全书设计为图文版，分为大地飞虹、阡陌情韵、年轮乐章、百卉含英、一方热土、飞红万点、风姿绰约、魅力永续八个部分。图片呈系统化、系列化及视觉冲击力，文字风格清新优美、赏心悦目。图文并茂、大气厚重，富有文化底蕴。全书既有纵的盐都发展脉络，又有横陈现状的盐都全貌；既有乡野的田连阡陌，又有都市的现代风韵；既有传统农业，又有特色农业、生态农业、旅游农业等现代化农业；既有传统产业，又有特色产业、新兴产业、现代服务业；既展示了群众文艺、地方戏曲、民间艺术等文化盐都，又呈现了科教文卫、社会事业各方面的民生盐都、生态盐都；既宣传了道德模范、杰出人物，又记录了革命烈士。可以说，《美丽盐都》既是对历史瞬间的捕捉，更是对未来美好蓝图的构画；既是过去成绩的定格，更是吹响了向美好未来前进的号角。

面对“经济实力强、百姓生活富、城乡环境美、文明程度高”的总目标，全区上下高举中国特色社会主义伟大旗帜，全面贯彻党的十八大和十八届四中、五中、六中全会精神，深入贯彻习近平总书记系列重要讲话特别是视察江苏重要讲话精神，坚持“四个全面”战略布局，坚持发展第一要务，自觉践行五大发展理念，围绕“率先全市全面建成小康社会”总目标和“打造新高地、迈上新台阶”总定位，以提高发展质量和效益为中心、“强富美高”为方向、“一极一园一业”为关键，加快形成适应经济发展新常态的体制机制和发展方式，统筹推进经济、政治、文化、社会、生态文明和党的建设，合力打造创业开放生态幸福厚德的美丽盐都。

目录

MO LU

综述

Zong Shu

创业开放　生态富民

历史沿革

江苏省盐城市盐都区，地处苏北平原中部，位于国家沿海大开发的腹部黄金地段，东向一小时车程直达黄海，西临淮扬纵深广阔，北通陇海线、联新亚欧大陆桥、远抵荷兰鹿特丹，南跨苏通大桥而联袂苏锡常、接轨大上海，是长江三角洲城市群中的重要区域中心城市盐城的核心区。

历史上的盐城濒临黄海，居古城楼，东观海潮天水阔，西眺夕阳登瀛美，北闻铁柱潮声激，南揽翠霭杨楼伟（以上为古“盐城八景”中的四景），一面临海三面河，在风起云涌、白浪滔天时，举目四望，令人顿生乘瓢浮水之感。后来，陆进海退，沧海桑田，疆土变迁，建制迭更，直至现在。

现在的盐都区由盐城县演变而来，由数千年古邑传承至今，建制沿革历史悠久。古时的盐城县，幅员辽阔，东至大海，南界海陵（今东台、海安）县，西界安宜（今宝应）县，西、北界山阳（今淮安、阜宁）县。在商周时期，

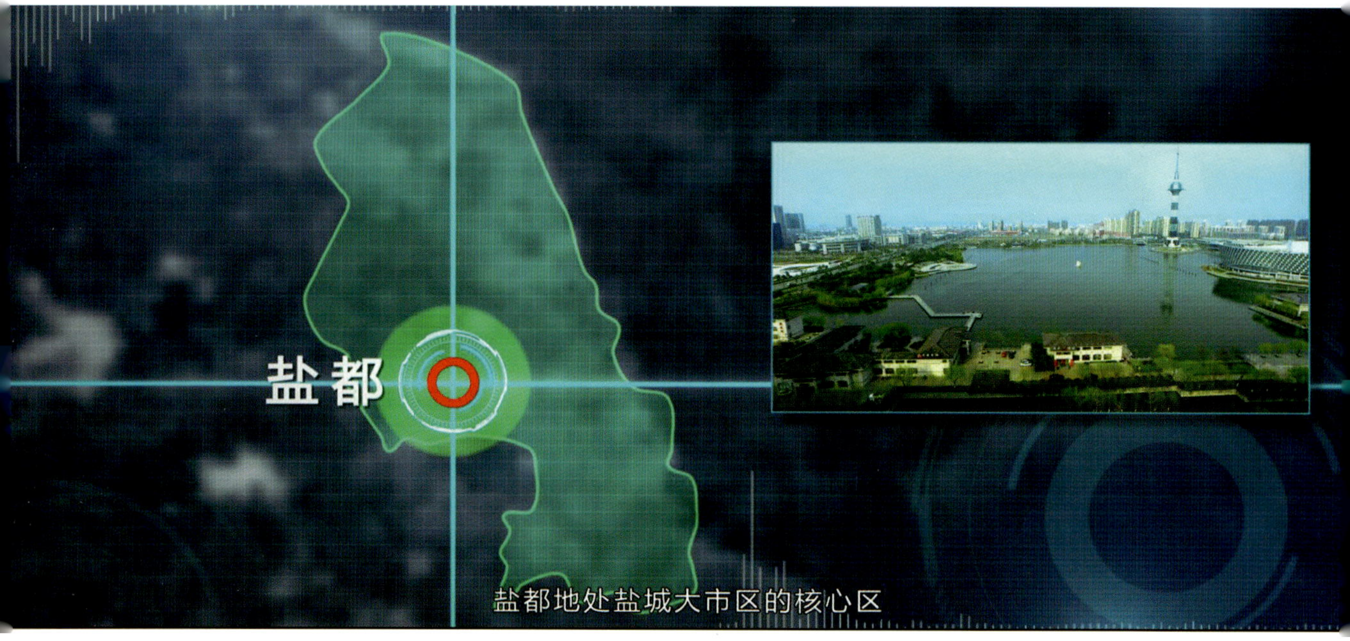

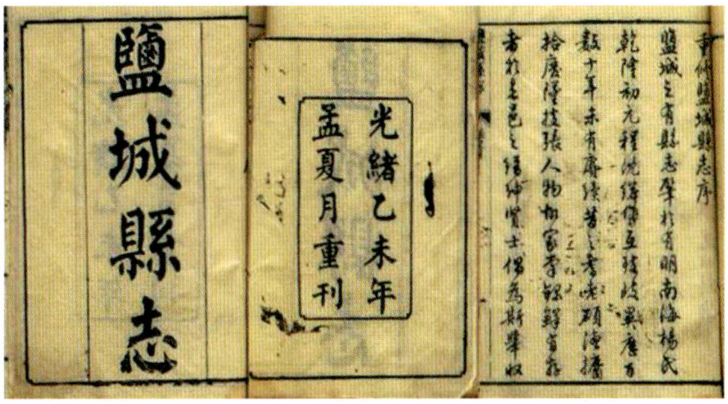

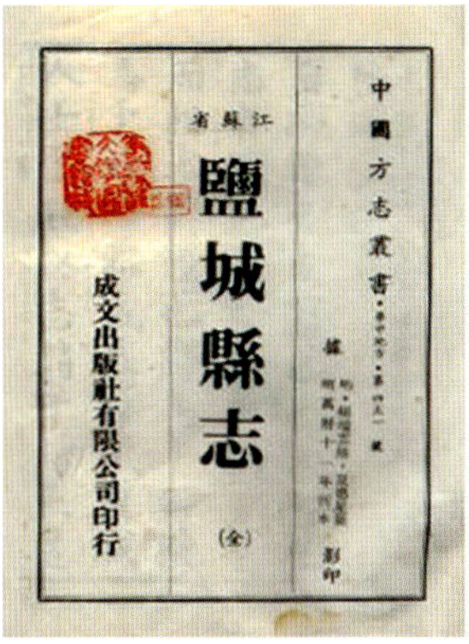

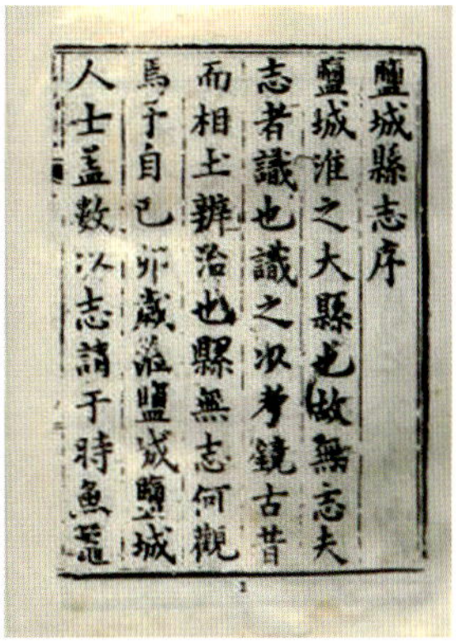

区境为“淮夷地”；春秋时属吴，后属越，战国时期属楚；西汉时汉武帝元狩四年（公元前 119 年）始设盐渎县；东晋安帝义熙七年（411 年）改盐渎县为盐城县；北齐于此设射阳郡，陈时改为盐城郡；隋末，韦彻起义据此置射洲；明清时期，盐城县属淮安府，辛亥革命后直属江苏省。1933 年，江苏省于盐城设行政督察区，后改为盐城区，此时县域面积有 3650 余平方千米。1936 年又改为第六督察区，盐城县先后隶属之。1940 年 10 月，盐城县成立抗日民主政府，为便于对敌斗争，1941 年 9 月，将盐城县分为盐城、建阳（今建湖）、盐东三县。盐城县面积缩减为 1320 平方千米。

1945 年 10 月 30 日，新四军苏中部队和盐阜军分区部队发起盐城战役。11 月 11 日，盐城解放。14 日，中共盐城县委、县政府机关由农村迁进盐城，并举行了隆重的入城仪式。

1946 年 4 月 23 日，盐城县改名为叶挺县。

1948 年 8 月底，国民党第二十五师离境，叶挺县全境解放。

1949 年 2 月，叶挺县委、县政府机关迁至城内亮月街、县前街。4 月，叶挺县复名盐城县。

自 1949 年 10 月后，盐城县先后隶属盐阜区、盐阜分区、苏皖边区第五行政区、苏北盐城行政区、苏北盐城专区、江苏省盐城专区、江苏省盐城地区。

撤县建区

1983年实行市管县新体制，盐城县撤销，盐城镇成立盐城市城区，其余乡镇为盐城市郊区。1996年9月，撤销盐城市郊区，设立盐都县。冠名盐都，取音与汉代古县“盐渎”同拼音字母；取义，都即城之首也。2004年3月经国务院批准又撤县设区，撤销盐都县，设立盐都区，为隶属于盐城市的县级建制区。

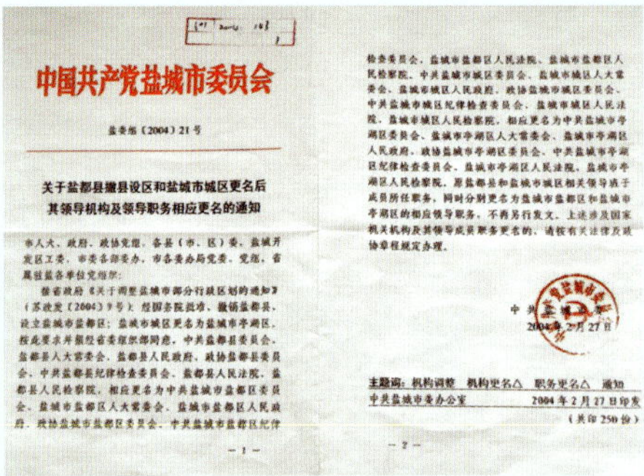

中国共产党盐城市委员会

盐委组〔2004〕21号

关于盐都县撤县设区和盐城市城区更名后其领导机构及领导职务相应更名的通知

市人大、政府、政协党组，各县（市、区）委，盐城开发区工委，市委各部委办，市各委办局党委、党组，省属驻盐各单位党组织：

根据省政府《关于调整盐城市部分行政区划的通知》（苏政发〔2004〕9号），经国务院批准，撤销盐都县，设立盐城市盐都区；盐城市城区更名为盐城市亭湖区。按此要求并报经省委组织部同意，中共盐都县委员会、盐都县人大常委会、盐都县人民政府、政协盐都县委员会、中共盐都县纪律检查委员会、盐都县人民法院、盐都县人民检察院，相应更名为中共盐城市盐都区委员会、盐城市盐都区人大常委会、盐城市盐都区人民政府、政协盐城市盐都区委员会、中共盐城市盐都区纪律

— 1 —

检查委员会、盐城市盐都区人民法院、盐城市盐都区人民检察院、中共盐城市城区委员会、盐城市城区人大常委会、盐城市城区人民政府、政协盐城市城区委员会、中共盐城市城区纪律检查委员会、盐城市城区人民法院、盐城市城区人民检察院，相应更名为中共盐城市亭湖区委员会、盐城市亭湖区人大常委会、盐城市亭湖区人民政府、政协盐城市亭湖区委员会、中共盐城市亭湖区纪律检查委员会、盐城市亭湖区人民法院、盐城市亭湖区人民检察院。原盐都县和盐城市城区相关领导班子成员所任职务，同时分别更名为盐城市盐都区和盐城市亭湖区的相应领导职务，不再另行发文。上述涉及国家机关机构及其领导成员职务更名的，请按有关法律及政协章程规定办理。

中共盐城市委

2004年2月27日

主题词：机构调整　机构更名△　职务更名△　通知

中共盐城市委办公室　2004年2月27日印发

（共印250份）

— 2 —

■撤县建区批文

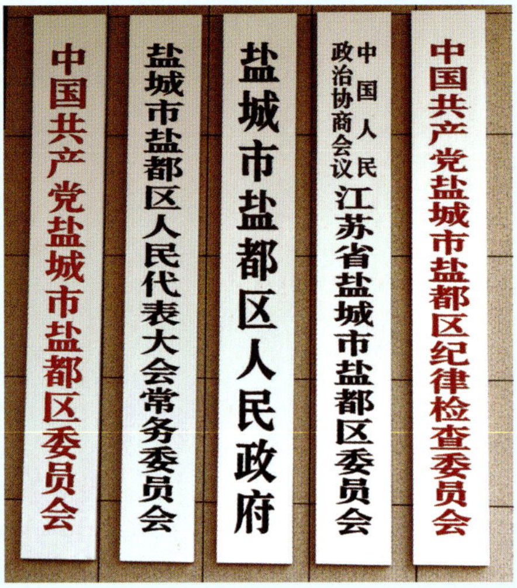

■揭牌仪式

■盐都区行政中心俯瞰

城市概况

◎盐都区简介

江苏省盐城市盐都区，地处苏北平原中部，位于国家沿海大开发的腹部黄金地段，东濒黄海，西临淮扬，北通陇海线，南跨苏通大桥而联袂苏锡常、接轨大上海，是长江三角洲城市群中的重要区域中心城市盐城的核心区。辖 12 个镇（街道）、5 个社区街道、1 个国家级高新区和 1 个农村经济开发区，拥有 249 个村（居），面积 1015 平方千米，户籍人口 71.4 万人。

历史悠久，人杰地灵。早在商、周时期，就有先民在此繁衍生息。西汉元狩四年（公元前 119 年）因盐置县，始称“盐渎”，至今已有 2000 多年历史，三国时期孙权之父孙坚是见之于史的第一任县丞。所谓盐渎，就是运盐的河流。东晋安帝义熙 7 年(411 年)因“环城皆盐场”而更名为盐城县。1983 年，盐城地区实行市管县，盐城县改为盐城市郊区；1996 年恢复县建制，设立盐都县；2004 年 3 月，撤销盐都县设立盐都区。在这片土地上，诞生过“建安七子”之一的陈琳、南宋节臣陆秀夫、明初贤达朱升（“高筑墙、广积粮、缓称王”进言者）、明末清初大书法家宋曹、“苏北的鲁迅”宋泽夫、“中共一支笔”胡乔木、国民党元老郝柏村、全国知青的榜样董加耕等一批杰出人物。

生态独特，资源丰富。境内沟河纵横，水网密布，水绿特色独树一帜，被评为国家级生态示范区。农业生产的自然条件优越，素有“鱼米之乡”的美誉，粮、棉、肉类产量均位列全国百强。近年来，盐都区围绕“一带四节点六基地”空间布局，以开发区的理念发展现代农业，着力打造 43 千米步湖路沿线 300 平方千米城乡统筹示范带，重点建设郭猛三湾新村、大纵湖

三官新村、盐都七星现代化农场、大纵湖东晋古镇景区，大力提升潘黄葡萄、郭猛花卉和草莓、尚庄番茄、大纵湖优质稻米、滨湖河蟹种养水平，推动传统农业向高效农业、设施农业、观光农业和都市农业转型，使步湖路城乡统筹示范带成为生态观光旅游产业带，用里下河水乡特色的生态之美、人文之美、民风之美尽显盐都田园秀美。

交通便捷，现代新城。宁靖盐高速、沈海高速和盐徐高速三条高速在盐城境内纵横贯通，并在市区外围形成了 70 千米的高速公路圈。苏通大桥正式通车，从盐都到上海只要 2 个多小时。近几年来，盐都区积极策应市委、市政府建设沿海中心城市的战略决策，全力加快城西南片区建设，按照节点开发、组团推进的思路，启动建设特色街区、总部基地、物流产业园等现代服务业项目，着力打造“以城市生活功能为主，融商务贸易、行政办公、现代物流、高端装备制造等功能于一体、具有浓郁水乡风情的现代化新城区”。

革命老区，活力迸发。抗日战争时期，震惊中外的皖南事变之后，新四军在盐城重建军部，重振旗鼓，开创了华中抗日根据地，刘少奇、陈毅等许多老一辈革命家在此留下过战斗的足迹。2015 年，面对复杂严峻的宏观形势，按照市委市政府要求，坚持稳增长、调结构、促转型，积极应对新常态，立足智能终端、高端装备、新能源三大新兴产业，电商物流、汽车服务、商贸商务三大现代服务产业和柔性研发、生物质能、现代养老等前瞻性、先导性产业，全区经济总体呈现“稳中有进、结构趋优、质效提升”的良好态势。

自改革开放以来，在区委区政府的坚强领导下，全区人民开拓创新、务实奋进，经济社会发展步入快车道，创造了盐都历史上又一个黄金发展期，是苏北率先实现全面小康的六个县（市、区）之一，先后被评为全国文化先进区、全国教育工作先进区、全国卫生工作先进区、全国科技进步先进区、国家级星火技术密集区、全国休闲农业和乡村旅游示范区、国家产城融合示范区及省级知识产权区域示范区、省农村改革示范区、省土地利用节约集约示范区，成为全市最具发展活力的板块之一。

随着长三角一体化发展、江苏沿海开发两大国家战略在这里叠加实施，盐都区已全面融入长三角 2 小时城市经济圈，在许多方面已站在了江苏沿海开发的最前沿。一是 2012 年 4 月在苏北地区率先步入小康门槛，2014 年底全面建成小康社会综合得分苏北第一；二是取得了国家高新区创建的标志性胜利。2015 年 2 月高新区成功跻身“国家队”，创造了筹建时间短、建设速度快、获批效率高等多个“江苏之最”。三是取得了“十个全覆盖”的阶段性成效，每年将七成以上的一般公共预算支出用于民生改善，2014 年启动的创业平台，区域供水、城乡公交、

■盐都博物馆

■盐渎明城全景

环境治理、公共文化、优质教育、卫生惠民、社会保险、托底救助、网格管理“十个全覆盖”民生建设工程，三年计划两年基本完成。四是生态环境取得了显著性改善。农村环境综合整治高分通过省市全域考核验收。造林实绩连续五年全市第一，2014 年创成省级生态区。

2015 年，全区实现地区生产总值 407.1 亿元。其中：第一产业增加值 42.06 亿元，第二产业增加值 206.5 亿元，第三产业增加值 158.5 亿元。人均地区生产总值 63411 元。产业结构不断优化。三次产业增加值比例为 10.3:50.7:39，二、三产业比重比上年提高 0.4%。服务业发展提速，增幅高于 GDP 增幅 1.7%，占 GDP 比重较上年提升 4.8%。全区 137 家重点服务业企业完成营业收入 52 亿元，实现营业利润 5.8 亿元。交通运输和仓储业增长迅猛。该行业全年实现营业收入占全区重点服务业比重达 54.9%。规模以上战略性新兴产业实现总产值 155.7 亿元，比上年提高 2%。新型城镇化扎实推进，常住人口城镇化率达到 60.5%，比上年提高 0.9%。

镇（区、街道）

◎盐城高新区（含盐龙街道）

盐城高新区原为盐城市高新技术产业区（盐都西区），筹建于2004年5月，前身为江苏省盐都经济开发区。2012年11月经省政府批准更名为江苏省盐城高新技术产业开发区。2013年初，启动国家高新区创建工作，2015年2月获国务院批复升格为国家高新区。盐城高新区现规划面积116平方千米，包括25平方千米生态涵养区、45平方千米高新产业区、46平方千米融合发展区。2010年8月，行政区划调整，将龙冈镇的丁晏居委会，郭猛镇的乔庄、黄刘2个居委会和吴徐、大李2个村委会划出，与原潘黄镇的方向、益民、孙吴、健仁、古亭、跃马6个居委会和北港、先锋、合心、蟒南4个村委会区域合并，设立盐龙街道办事处。盐龙街道区域面积52.63平方千米，其中耕地面积1304公顷，下辖6个村、9个居委会，总人口49102人。2015年实现地区生产总值60.71亿元，一般公共预算收入52590万元，城镇居民人均可支配收入33299元，农村居民人均可支配收入18961元。

■研创大厦

■科技部副部长曹健林（左一）、副省长徐南平（右一）为国家高新区揭牌

■服务大厦

中小企业创业园

文化产业创业园

高新区概貌

■国家能源海上风电技术装备研发中心

■居然之家

■高新区专家公寓

■高新区厂房

◎盐渎街道（含冈中街道）

盐渎街道是江苏盐都经济开发区的核心区与启动区。盐都经济开发区既是盐城市和盐都区两级政府行政、商贸、文化中心所在地，也是一个新兴产业发展基地，盐渎街道更是一个规划先进、设施完善、环境优美、功能齐全的新城区。街道区域面积 30.9 平方千米，其中耕地面积 1334 公顷，下辖 9 个街道居委会，总人口 32137 人。2015 年实现地区生产总值 38.48 亿元，一般公共预算收入 92010 万元，城镇居民人均可支配收入 34206 元，农村居民人均可支配收入 18401 元。

■电商快递园

■恩源展示馆

■宠物银行全球仓展览馆

■观景台

◎盐都七星现代化农场

七星农场围绕农业现代化发展方向，通过基础设施建设和精心运营，在形象展示、标准示范、有机种植等方面取得一定成效。农场总面积 733 公顷(大纵湖境内 333 公顷，尚庄镇境内 400 公顷)，其中耕地种植面积 533 公顷，核心区有机种植面积 73 公顷。

■七星农场

◎鞍湖街道

鞍湖始建距今已有600多年历史，明朝时因该地张本村西北有一马鞍形湖荡而得名。其位于盐城市西南10千米处，东邻龙冈镇、西与中兴街道接壤，南与秦南镇交界，北与建湖县裴刘镇毗邻。街道区域面积12.5平方千米，其中耕地面积740公顷，总人口10108人，下辖大顾、九曲、洪渡、许桥、刘垎、张本6个村居。2015年实现地区生产总值7亿元，全社会固定资产投资1.45亿元，规模以上工业增加值1亿元，实现公共财政预算收入1146.86万元，实现财政总收入1948.49万元，农民人均纯收入达19450元。

鞍湖人杰地灵、英才辈出，是中共杰出的理论家、原中央政治局委员、“党内第一支笔”胡乔木，著名书法大师、标准草书唯一传人胡公石先生和著名爱国民主人士胡启东先生的故乡。鞍湖气候宜人，土地肥沃，物产丰富，被誉为“鱼米之乡”。街道共有提水养殖、葡萄、草莓种植等高效设施农业面积66.7公顷，“红多牌”草莓被认定为无公害农产品。在全力推进农业产业化的同时，街道坚持大力发展工业主体经济，街道现有各类企业68家，初步形成了油箱制造、服装加工、节能装备、乡村旅游、高效农业五大特色产业。

胡乔木故居

◎龙冈镇

龙冈镇，始建于隋唐时代，古称“千家居”“岗门镇”，因镇北绵延 7.5 千米、形似卧龙的沙岗而得名，距今已有 1400 多年历史。现龙冈镇由原龙冈镇、鞍湖镇、盐城市果树良种场“两镇一场”于 2001 年 6 月合并而成。龙冈地处盐城西郊，省道盐淮路、盐兴路穿境而过，蟒蛇河、盐宝河横贯东西，区位优势明显，水陆交通便捷。龙冈镇区域面积 96.83 平方千米，其中耕地面积 4756 公顷，下辖 1 个街道，1 个办事处，1 个果树良种场，20 个行政村，12 个居委会，3 个管理区，145 个村（居）民小组。共有 29946 户，总人口 76531 人。2015 年实现地区生产总值 54.42 亿元，一般公共预算收入 19898 万元，城镇居民人均可支配收入 35236 元，农村居民人均可支配收入 20053 元。

龙冈是知名书画家裔敬亭、朱红瘦先生的故乡，曾是叶挺县县政府所在地；境内江苏华都森林公园素有“桃园胜境”之美誉；被国家旅游局认定为全国农业旅游示范点，江苏省四星级乡村旅游点；孔尚任、林则徐、孙在丰等曾在此兴修水利；《柳堡的故事》《奋飞》《风雨同舟》等多部影视剧于此拍摄。

近年来，龙冈镇坚持新型工业化和集镇城市化联动互促，实施“以工强镇”战略，加速企业调整结构、提速增效，优先发展以中联电气、百斯特、华兴变压器为龙头的输变电特色产业；实施“以镇建城”战略，对接长三角，主动接轨大市区，加快集镇建设步伐；着力推进惠民工程建设，建成污水处理厂、垃圾中转站、城市管网供水等一批实事工程，加速全面小康进程。先后被评为“和谐中国——全国百佳历史文化名镇”“中国乡镇综合实力 500 强”“全国工会维护农民工合法权益先进集体”“江苏省文明镇”“江苏省文明创建先进集体”“苏北五十优乡镇”等荣誉称号。

■文化旅游产业区

■梨园

■桃花园

◎大冈镇

大冈镇位于盐都“南大门”，地处泰州、盐城两市和兴化、大丰、亭湖、城南、盐都五县（市、区）交界，因“沙岗之巨”而得名，已有千年建镇史。全镇总面积 100 平方千米，下辖 1 个街道办事处、21 个村（居），总人口 6.3 万人，镇区规划面积 10 平方千米，建成区 3.6 平方千米，集镇人口 3.5 万人。近年来，先后获得中国鞋机城、全国重点镇、国家生态镇、中国砂带基布产业示范基地、省首批创新型乡镇等多项荣誉称号。2015 年实现地区生产总值 33.4 亿元，公共财政收入 9520 万元，全口径工业企业开票销售 10.17 亿元，固定资产投资 14.6 亿元，城镇居民可支配收入 31374 元，农村居民可支配收入 17888 元。

工业基础厚实，现有工业企业 350 多家，已形成制鞋机械、石油装备、磨料磨具及新材料等产业。石油制鞋装备产业园、纺织园区初具规模，建成区面积达三千亩，全民双创园为省级企业科技孵化基地。鞋机用途已从传统的制鞋行业拓展到箱包服装、汽车内饰等切割行业，实现了国内市场“三分天下有其一”，海外市场覆盖英、美等 40 多个国家和地区；石油装备企业参展了 2015 第 15 届全球最大的中国国际石油石化技术装备展览会，6 大系列的石油装备产品畅销国内外。

鞋机制造产业小镇建设初见成效。坚持规划引领，集镇区已形成“三轴、两心、五组团”发展格局。注重生态环境保护，注重保留原汁原味，1.4 平

■卧龙公园

■大冈高速入口

方千米呈祥路核心板块有序启动建设，老镇区改造、新镇区建设有序推进，新老镇区“道路相通、绿树相连、路灯相接、美景相映”。物流、商贸、餐饮等服务业呈现出规模特色。

互联网经济蓬勃发展。已搭建企业电商平台 150 家以上，新增“亮标”企业 32 家，推动机械产品网上直销；建成“村淘”服务站 8 家，年内实现全覆盖，促进“网货下乡”和“农产品进城”双向流通。

现代农业前景广阔，市级现代农业园区引入台湾成功的文创经验，突出“水果乐园”主题，做足“四季有果”文章，入园项目 22 个，水果品种达 30 多个。全镇建有家庭农场 46 家，创成省、市级示范家庭农场 2 家、区示范家庭农场 6 家，优质稻米、花卉苗木、设施蔬菜、规模养殖等现代农业优势明显。

■大冈镇鞋机城科技展示馆

◎张庄街道

张庄街道位于盐城市区西郊，区域面积 22.8 平方千米，其中耕地面积 882 公顷，总人口 30490 人，下辖 6 个行政村，3 个居民委员会。2015 年实现地区生产总值 23.53 亿元，一般公共预算收入 18095 万元，城镇居民人均可支配收入 32547 元，农村居民人均可支配收入 18557 元。

2000 年撤乡设镇，2002 年改设街道。张庄是刘少奇等老一辈无产阶级革命家曾战斗生活过的地方；是苏北 50 优乡镇、全市 50 个重点镇、全区 7 个特色镇之一；是市政府命名的“齿轮之乡”，并于 2006 年牵头成立“盐城市齿轮行业协会”，逐步实现盐城“齿轮之乡”向国内重要齿轮生产基地迈进；也是市内外闻名的“葡萄之乡”“草莓之乡”，“绿田”牌葡萄是省级无公害农产品，“张庄”牌草莓是国家级有机食品，“精果”牌黑大麦片是国家 A 级绿色食品，张庄葡萄经济合作社是省级“四有”合作经济组织和市重点农民合作经济组织。

■齿轮之乡—张庄工业园区欢迎您

■张庄灵芝生态园

■张庄齿轮规划展示馆

■剑桥涂装公司生产车间

◎大纵湖镇

大纵湖镇地处盐城西南，南与兴化市隔河相望，西与宝应县毗邻，是鸡鸣三县之地。2010 年 9 月经省政府批准，由原义丰镇、大纵湖镇部分村居合并成立，全镇区域面积 93.03 平方千米，下辖 4 个居委会、16 个村，户籍总人口 51939 人，先后获得中国民间文化艺术之乡、国家生态镇、全国重点镇、全国文明镇、国家卫生镇 5 个“国字号”称号，是江苏省园林小城镇、江苏省重点中心镇、江苏省创新型试点乡镇。

2015 年，全镇实现地区生产总值 25.6 亿元，公共财政预算收入 8391 万元，全社会固定资产投资 17 亿元，农民人均纯收入 18943 元。计划 2016 年实现地区生产总值 25.8 亿元；公共预算收入 9810 万元，固定资产投资 20.8 亿元，农民人均可支配收入 20540 元。

■大纵湖全民双创园

泽夫大道

◎秦南镇

秦南镇建制于明末清初，距今有300多年历史，自古以来有“积谷粮仓”之称。是“苏北的鲁迅”——宋泽夫先生的故乡。该镇地理位置优越，交通便利，是盐城市西郊的经济、交通、文化、商贸、金融、信息中心。全镇区域面积115平方千米，下辖25个行政村，3个居委会，总人口76217人。2015年实现地区生产总值38.33亿元，一般公共预算收入7648万元，城镇居民人均可支配收入31777元，农村居民人均可支配收入18085元。

秦南镇先后荣获“中国潜水打捞之乡”“中国高空作业之乡”“苏北综合实力五十强乡镇”等荣誉称号，是全国重点镇、江苏省重点中心镇、省新型示范小城镇、省卫生镇、盐城市工业主导镇。

秦南地标

◎郭猛镇

郭猛镇是以烈士命名的乡镇，人文历史悠久，文化底蕴丰厚。全镇区域面积 43 平方千米，其中耕地面积 2266 公顷，下辖 12 个村、2 个居委会。总人口 36100 人，是盐城市 50 个重点镇、12 个城乡统筹发展试点示范镇、盐都区首批 7 个特色镇之一，也是市级社会管理创新试点示范镇。郭猛区位优势明显，交通便利。距盐城市区 15 千米，229 省道、331 省道、盐淮高速、盐靖高速、新长铁路、南洋机场、大丰港等，形成了周边集高速公路、铁路、航空、海运于一体的立体交通网络。

郭猛镇相继荣获江苏省农村综合实力百强乡镇、江苏省群众文化先进乡镇、市级卫生小城镇、建筑劳务之乡和“江苏省文明镇”“国家级卫生镇”“国家级生态镇”等荣誉称号。2015 年实现地区生产总值 29.83 亿元，一般公共预算收入 9137 万元，城镇居民人均可支配收入 33054 元，农村居民人均可支配收入 18829 元。

■郭猛全民双创园

■郭猛街景

◎楼王镇

楼王镇位于盐都区西部，西与扬州市宝应县射阳湖镇交界，南与泰州市兴化市沙沟镇毗邻，北与建湖县沿河镇隔河相望，东与学富镇相连。楼王镇于 2011 年 7 月由原楼王、北龙港两镇合并而成，区划调整后，全镇区域面积 127.2 平方千米，其中耕地面积 4986 公顷，总人口 5.59 万，下辖 24 个村（居）、132 个村民小组。先后荣获“国家生态镇”“全国一村一品示范镇”“省新型示范小城镇”“省群众文化先进镇”“省环境优美镇”“省科技先进镇”“省卫生镇”“省文明镇”“省乡村公路管养及安保工程示范镇”等称号。“国家卫生镇”创建工作通过专家组验收。

2015 年，全镇实现地区生产总值 23.5 亿元，一般公共预算收入 4522 万元，农村居民人均可支配收入 16651 元。

■国家生态镇楼王

■楼王镇现代果蔬示范园

■楼王集镇道路

■学富街景

◎学富镇

学富镇是盐都西部新崛起的工业发展乡镇，位于盐城市西部，东、南临蟒蛇河与秦南镇、大纵镇相望，西隔直挺河、横塘河和仇垛河与楼王镇交界，北隔盐宝河与建湖县芦沟镇毗邻。学富镇是以革命烈士杨学富名字命名的英雄之镇，素享“建筑之乡”和“医疗用品之乡”美誉。2000 年 2 月撤乡建镇，2010 年 9 月盐都区乡镇区划调整将原秦南镇的河夹、中徐 2 个居委会及略沿、连心、华府等 8 个村委会划归学富镇管辖。

学富镇区域面积 83.33 平方千米，其中耕地面积 4630 公顷，下辖 14 个村，2 个居委会，总人口 51330 人。2015 年实现地区生产总值 9.55 亿元，一般公共预算收入 3530 万元，城镇居民人均可支配收入 30105 元，农村居民人均可支配收入 17149 元。

集镇实施“重点向 231 和 331 省道”发展战略，将进一步加快新型集镇的进程，为学富发展带来新一轮的机遇，学富将成为田园秀美、民风淳朴的现代化新农村。

■学富镇政府办公楼

■尚庄镇政府

◎尚庄镇

尚庄古名五瑞镇。明代万历年间，就曾是盐城西部繁华的商贾云集之地。抗战时期，这里是盐阜区、苏中区、华中区工委及盐城、兴化、高邮等县政府驻扎过的地方，享有“五瑞都土地，八区总机关”的誉称。这里还曾是陈毅、周一萍等老一辈无产阶级革命家工作战斗过的地方。

2011 年 7 月 11 日，根据盐城市盐都区人民政府都政发 [2011]85 号文件精神，撤销尚庄镇、葛武镇，将原两镇所辖区域合并，设立新的尚庄镇。全镇区域面积 72.57 平方千米，其中耕地面积 4045 公顷，下辖 14 个行政村、4 个居委会，总人口 57749 人。2015 年实现地区生产总值 22.31 亿元，一般公共预算收入 4431 万元，城镇居民人均可支配收入 29324 元，农村居民人均可支配收入 16875 元。

■尚庄镇中心幼儿园

■北龙港机械铸造园

◎北龙港街道

北龙港街道区域面积 21.32 平方千米，下辖 1 个行政村，3 个居委会，总人口 15053 人。2015 年实现地区生产总值 7.27 亿元，一般公共预算收入 1870 万元，城镇居民人均可支配收入 29945 元，农村居民人均可支配收入 16624 元。

■荷花

◎中兴街道

中兴街道位于盐都区中西部，东卧盐淮高速，西接 231 省道，北靠建湖新城，南连 331 省道。距离市中心 25 千米、盐城机场 35 千米、大丰港 70 千米、新长铁路 30 千米、204 国道、盐淮高速公路、宁靖盐高速公路 8 千米，国家二级航道蟒蛇河、沿河分卧两侧。街道下辖河夹、中徐、施湾、周伙 4 个村（居），街道区域面积 10 平方千米，其中耕地面积 608 公顷，街道 2497 户，9106 人。街道办事处驻河夹居委会。

2015 年，完成地区生产总值 45460 万元；固定资产投资 27562 万元，规模工业增加值 11011 万元；全口径工业开票销售 12360 万元；一般公共预算收入 1051 万元；实现城镇居民人均可支配收入 30248 元，农民人均纯收入 17246 元。

中兴街道围绕打造青年路沿线“产业特色鲜明、人文旅游胜地”的总定位，做大做强民营工业园区规模；重点加快推进江苏金麦穗新能源科技、松宁电器、富士达等项目建设；加大扶持庞威机电、斑竹服饰、盐城发电设备、华达照明等现有骨干企业；着力抓好轻工机械、凯盛纺机等企业技改扩能；促进中欣塑料、三鑫塑料、山泰塑料等包装企业加快自主创新；确保国丰商业广场早日竣工开业，大力发展楼宇经济；全力推进国丰农业园、千亩浅水绿色蔬菜基地建设；快速推进“草房子”儿童主题乐园建设，拓宽运营渠道，逐步推进“文化＋创意＋体验＋交易＋旅游”运作模式，提升“草房子”知名度，打响乡村旅游品牌。

■中兴实验学校

■中心街景

◎北蒋街道

北蒋街道地处盐城市西南，331 省道横穿东西，233 省道纵贯南北，国家二级航道东涡河与红九河分依集镇两侧。水陆交通发达，区位优势明显。街道区域面积 12.75 平方千米，总人口 10683 人，下辖童成、卢村 2 个行政村和远景、历民 2 个居委会，共有 17 个村（居）民小组。2015 年实现地区生产总值 6.69 亿元，一般公共预算收入 2467 万元，城镇居民人均可支配收入 292247 元，农村居民人均可支配收入 16662 元。

近年来，北蒋街道坚持“做美集镇、做大园区、做特产业”工作思路，重抓集镇建设、园区建设、特色产业和高效农业四大工程，经济社会又好又快发展，逐步形成体育器材、机械电子、林业苗木三大特色产业。

■北蒋街景

美丽
盐都
创业开放 生态富民
打造新高地 迈上新台阶
Mei Li Yan Du

第一章 大地飞虹

Da Di Fei Hong

创业开放　生态富民

■规划蓝图

都市旋律

今日的盐都，是一个创业开放生态幸福的美丽盐都。“十二五”以来，尤其是近年来，遵循市委关于盐都“高端发展、跨越争先”的总定位，区委提出，要在“双新”战略的引领下，举全区之力，精心规划，大力推进城镇化和城乡一体化，加快农民居住集中化、基础设施配套化、人居环境生态化、城镇风貌特色化、新特产业园区化和公共服务均等化进程。坚持以田园村镇、农业高端、生态家园、观光胜地、民生幸福为发展方向，聚焦4个规划节点、6个观光景点、6个种养基地、7个特色园区，开启了“双新”盐都追求自然之美、社会和谐、城乡一体、融合发展的新征程。

■碧桂园

■盐都新区神龙公路港

■文化艺术中心

■市容一览

省人大常委会副主任赵鹏视察香城美地

律动广厦

近年来，全区认真实施城乡统筹发展战略，积极探索新型城镇化道路，有序推进新城区、新镇区、新园区和新社区建设，城乡面貌日新月异。人居环境明显改善，公共服务保障有力。城乡建设亮点纷呈，精品建筑特色彰显。全区房地产开发企业发展到近百家，商品房年上市100多万平方米，先后涌现出天澜湾、港龙华侨城、豪璟半岛、优山美地等一批高品质的规模型居住小区，为人们营造了宜居佳境。

新日月翠州嘉园

■衡泰冠城

■西城逸景

■天澜湾

■西城逸品

优山美地

香城美地

■濠璟半岛

■新都花园

■月湖花城

■如意花园

■新能源客车

■农村公路

随着境内国家 4A 级大纵湖旅游景区和国家最美乡村杨侍村的旅游产业不断发展以及 125 省道旅游产业带的形成，依托旅游资源，着力用公交线路将各旅游景点串连成线，专辟了市区直达 4A 级大纵湖旅游风景区和杨侍村专线，为游客旅游提供了交通便利，更为公交事业发展注入了新的活力。

农路提档升级，普惠民生。立足城乡统筹发展，按照“促进基础设施向农村延伸、公共服务向农村覆盖”的思路，将农村交通环境改善作为新农村建设的重要内容，推进农村公路提档升级试点工作，着力对境内技术等级较低、服务能力较差、具备改造条件的农村公路进行全面等级提升改造，累计投入 6.7 亿元，一鼓作气将全区 484 千米农村公路、421 座农村桥梁进行了一次彻底的“大变脸、大提档”，将省政府明确的 6 年的提档升级任务压缩在两年内完成。

加速“三级”城乡公交网络建设，推进城乡公交一体化发展，目前，60 千米半径范围内已基本形成集高速公路、铁路、航空、海运四位一体的现代交通网络。随着长三角一体化发展、江苏沿海开发两大国家战略在这里叠加实施，盐都区已全面融入长三角两小时城市经济圈，站在了江苏沿海开发的最前沿。

■宁靖盐高速盐城西出口

第二章 阡陌情韵

Qian Mo Qing Yun

创业开放　生态富民

全区大力发展高效高端高质农业。至 2015 年，全区发展高效设施农业面积 16.1 万亩，高效设施渔业面积 3.56 万亩，设施化率分别达 19.6%、28.5%，连续多年被表彰为全省发展现代高效农业成效显著县；生猪、家禽、河蟹产值均超 10 亿元，河蟹养殖已近 13.5 万亩；规模农业龙头企业已发展到 147 家，其中，省、市级重点龙头企业分别达到 7 家和 34 家。

■蕃茄园

■苹果园

■葡萄园

特色农业

一系列强农惠农措施的落实，使高效农业得到了快速发展，各类农业产业化项目纷至踏来。2015 年，全区新增高效设施农业面积 1.6 万亩，其中蔬菜园艺 0.7 万亩，林桑果 0.9 万亩。新增高效设施渔业 0.2 万亩。草莓、番茄、葡萄三大产业继续领军高效设施农业，占比 90% 以上，亩均效益在 5000 元以上。全区现代高效农业发展亮点纷呈、活力倍增。

不仅如此，为将现代农业向高端踏歌前行，把 18 万农户逐步集中到 81 个农民集中居住点上，培养 5 万职业化农民种植 80 万亩农田，使生态农业、旅游农业成为盐都农村新的支柱产业，“稻麦柴桑藕，鱼蟹鳖蛋虾”已不只是诗一般语言的概括，而成了“鱼米之乡”溢于言表的一种骄傲。

■草莓园

◎繁花似锦

花卉产业的发展壮大得益于围绕“农业科技”发展主题，大力发展特色农业产业的有力举措，通过重抓项目龙头，先后招引呈祥菊园、百合园、红掌园、岗埠花园、翡翠湾花卉交易中心等一批特色花卉企业集中入园开发，初步形成了占地 3000 亩、从花卉组培扩繁到大棚生产、市场交易为一体的花卉产业示范基地。

按照打造精品花卉工程的要求，新建连栋大棚炼苗基地 2 万平方米、大棚温室花卉生产基地 20 万平方米，花卉交易中心 5000 平方米，主要发展鲜切花种植、高档盆花生产、观赏苗圃、水生花卉、精致盆景、特色植物园、花卉苗木市场等项目。年组培育繁各类花卉种苗 8000 万株，生产鲜切花 2000 万株，交易高档盆花 50 万盆，年销售额达 1.5 亿元。

■翡翠湾花卉苗木交易市场

生态农业

近年来，区政府高度重视生态农业发展，大力推广绿色生产技术和模式，减少资源环境透支，营造良好农业生态。每公顷化肥、农药使用量始终控制在国家生态区标准以内，农作物秸秆综合利用率达 99%，被省认定为秸秆综合利用示范区，大中型规模畜禽场粪便无害化处理与资源利用率达 81.2%。与此同时，还不断加大品牌创建力度，推进标准化生产，提高“盐都”品牌知名度，为进一步助推现代生态农业的发展注入新的活力。

台湾有机大米生产基地

南大教授送技下乡

大棚种植

■草坪

■土豆

■农产品

新农村建设

◎仰徐村

在城乡统筹发展中，仰徐村坚持规划先行，快速拉近城乡差距，接轨城市文明。按照市、区、街道“统筹城乡发展、产业强村富民、提升村庄形象、构建和谐文明、建设生态新村、打造全国示范”的部署要求，科学制定了建设总体规划。重点实施“一中心、二园、三区”发展战略：“一中心”即综合服务中心，“二园”即高效农业园、机电工业园，“三区”即为民服务区、集中居住区、公共配套区。先后投入 3000 多万元，不断加大基础设施投入，着力营造人居环境。在精心保护耕地、绿化、河流的基础上，新植树苗 7.9 万株，疏浚河道 18 条、3.8 万米，新建成生态污水处理厂，实现垃圾日处理能力 800 吨、秸秆 100% 还田，有线电视、电信宽带全部入户。目前，空气、水质均达一级，绿化覆盖率达 30%，全村水绿树茂、鸟语花香、生机勃勃。

■仰徐村新农居

■仰徐村

■仰徐村党群服务中心

■仰徐新容新貌

■三湾人家新农村建设规划图

◎三湾村

三湾村位于国家级台湾农民创业园和省级现代农业产业园的核心区，是盐都区双新大道城乡统筹示范片的重要节点，由原东湾、中湾和西湾 3 个自然村合并而成，共有 8 个村民小组，980 户，3418 人，耕地面积 4695 亩，高效农业面积 3500 亩。近年来，三湾村融入全区城乡统筹示范片建设总体规划，瞄准“生产发展、生活宽裕、乡风文明、村容整洁、管理民主”新农村建设目标，全力打造富有里下河水乡特色的生态村庄。先后荣获“江苏省社会主义新农村建设先进村”“江苏省省级生态村”“江苏省三星级康居乡村”，盐城市“文明村”“生态村”“绿化造林十佳示范村”等称号。

◎庆福村

庆福村位于尚庄镇西面，距镇区 4 千米，总面积 5 平方千米，总人口 2154 人。土地整村流转，全部发展现代农业项目。2013 年投入 4000 多万元建成建筑面积 3 万平方米、6 幢公寓楼、54 幢别墅楼的庆福新村，党群服务中心、公交回车场、社区服务站等设施配套齐全，形成新村建设和产业发展齐头并进、融合发展的新格局。2013 年被评为江苏省社会主义新农村建设示范村。

■番茄公园

■湿地垂钓节

◎泾口村

秦南镇泾口村紧邻盐城饮用水源地盐龙湖，随着青年路西延段的开通，距离盐城大市区仅20分钟车程，耕地面积3000多亩，总人口近3000人，年纳税3000万，2015年底人均可支配收入38700元。泾口村素有“狮舞之乡”美名，舞狮经历几百年传承和发展，已成为盐城及周边地区一项具有地方特色的群众性文化活动，每年端午节邀请全国各地狮舞队伍，汇聚一堂各展风采，为广大市民提供一场文化视觉盛宴。先后获得过“国家级生态村”“江苏省四星级乡村旅游示范点”“江苏省康居示范村”“江苏省新农村建设先进村”“江苏省乡村旅游创新项目”“江苏十佳最具创意农庄”“盐城市最美乡村”“疏浚打捞特色村”“高空作业之乡”等称号。

■泾口湿地风情园

泾口村紧紧围绕“市外桃源，乐水泾口”目标定位，重抓“农旅融合”发展，重点打造“观光体验、水上休闲垂钓、农家美味美食”，跟进发展养老产业。近年来，先后投入近亿元建成了生态农业观光园、盐龙湖生态保护带、绿色生态文化长廊、农家美食一条街、四季果蔬采摘园、红豆杉植物园、野外休闲垂钓区等乡村旅游项目。抓住现代信息技术发展机遇，大力推进“智慧旅游”建设。开通了旅游微信公共服务平台，不断加强区域网络建设，实现了无线网络全覆盖。

■泾口绿野农庄

■泾口别墅区

第三章

年轮乐章

Nian Lun Le Zhang

创业开放 生态富民

各镇（区、街道）紧紧围绕自身产业特色，选择重点产业进行突破，形成了制鞋机械、齿轮、阀门、输变电、医疗用品、涂装设备6个特色产业基地，其中大冈鞋机、大纵湖涂装设备、龙冈矿用变压器还分别成为细分行业的全国“单打冠军”，分别获得了“中国鞋机城”“中国涂装设备产业基地”“中国输变电设备特色产业基地”荣誉称号。

特色产业

◎鞋　机

有着“中国鞋机之乡”美誉的江苏省盐城市国家星火技术密集区——大冈镇，位于宁靖盐高速公路大冈出口处。由中国轻工机械协会、盐都区人民政府、盐城市鞋机商会共同建设。经过十多年来的不懈努力，以惊人的发展速度迅速成长为全国三大鞋机生产、销售基地之一。在中国复合机行业已享有较高盛誉，1992年，大冈鞋机被列为“国家级星火计划支柱产业”和省级星火计划密集区。2008年获准建设“中国鞋机城”。江苏闳业机械有限公司是大冈镇鞋业机械产业的龙头企业，被国家发改委确定为全国复合机械行业标准起草单位，被江苏省科技厅认定为省级高新技术企业，公司拥有复合机、裁断机两大系列60多个品种。近年来，在机械行业竞争日益激烈的情况下，闳业公司坚持实施“科技兴企”战略，利用院士工作站，积极与国内行业重点科研机构建立合作关系，不断加大新品研发力度。先后推出的新型热压覆膜联合机、高档纱浆机和浆染联合机上市以来一直倍受环保和纺织行业的青睐，产品供不应求。

■盐城鞋机博览会

中国鞋机械科技展示馆
热烈欢迎参加江苏省轻工机械协会第五届会员代表大会的各位代表莅临指导
发挥行业协会职能作用 促进企业又好又快发展

鞋 机 博 览 会
XIE JI BO LAN HUI

◎齿　轮

驰翔齿轮是盐都区齿轮特色产业的龙头企业，专业从事各类硬齿面、高精度齿轮的研发、制造和销售，具备年产各类齿轮 460 万件的生产能力。该公司生产的齿轮产品具有高硬度、高强度、高精度、高性价比的特点，主要销往美国卡特彼勒、意大利马佐里纺机、三一重工等国内外知名企业。驰翔公司还与浙江大学合作，成立了企业院士工作站，进一步加大对齿轮新产品的研发力度，加快国家级科研项目成果转化的步伐，为企业提升自主创新能力和市场核心竞争力提供了强有力的支撑。

■盐电阀门有限公司

■齿轮生产车间

■齿轮生产线

■尚庄阀门厂生产线

◎阀　门

江苏盐电阀门是“石油阀门之乡”——尚庄镇的龙头企业。该公司先后通过德国 TUV 公司 ISO9001 国际质量体系认证、美国石油学会“API-6OD”认证、欧洲“CE”认证，被美国克瑞集团授予“中国地区最佳供应商”。被认定为“中国阀门质量公认十大知名品牌”。拥有盐城市四星级企业、高新技术企业、“重合同守信用”单位及江苏省 AAA 资信企业等荣誉称号。

新兴产业

◎汽车配件

准确把握盐城汽车工业加速发展的机遇，为了适应新兴产业的汽车工业发展变化，积极引导区内汽配生产企业扩大规模，壮大总量，增加产品种类，优化产品结构，加强汽配产品研发，大力发展以汽车零部件加工为主的配套工业、以汽车部件配送为主的现代物流业，取得了良好的效果。其中，星宇科技成为我区首家纳税超亿元的工业企业；江苏悦达摩比斯汽配物流中心2015年前7个月就完成税收1.1亿元。此外，世钟、大圆、华光真永、金派等企业也都实现了跨越发展，汽配产业已经成为盐都区税收增幅新的亮点和支撑点。此外，还大力鼓励企业实施“名牌战略”，构建品牌创造和品质提升平台，努力实现全区汽配产业的健康可持续发展。

■摩比斯物流

■车展

■星宇公司

■华光真永公司生产车间

◎风　电

风电产业和电子信息产业被市委市政府列入全市七个战略性新兴产业行列，奠定了盐都人新兴产业上的领跑地位。区委区政府乘风乘势，举全区之力，与名企携手，推动“两园”在龙头企业带动下向叠加功能区和高效化产业集群转型，成为盐都区发展的最大亮点、招商选资的最大成效和经济增长的动力引擎。风电装备产业以华锐风电为龙头，立足打造中国“风电装备之都”，规划建设了面积 10 平方千米的华锐风电产业园区。

风电装备产业园坚持“高”字当头，进驻项目层次高，规模大，带动力强。1.5MV 和 3MV 风机项目由销量中国排名第一、世界第三的风电行业领军企业——华锐风电科技有限公司投资。正在建设的国家能源海上风电装备研发中心是中央财政扶持的 13 个国家级公共技术平台之一。华锐风电产业园继 2010 年 9 月获省商贸厅批准为省级特色园区之后，2011 年 3 月被省科技厅批准为省首批科技产业园。

■华悦风电科技有限公司

■华锐风机

◎智能终端

盐城智能终端产业园位于盐城国家高新技术产业开发区核心区，总规划面积5平方千米，包括生产制造区、企业孵化区、总部研发区、综合服务区、生活配套区等“一园五区”。在市委市政府正确领导和直接推动下，紧紧围绕智能终端产业“十百千”目标，坚定不移抓招商、推项目、强配套，园区建设步伐不断加快、产业集聚效应初步显现。至2016年8月，智创园一期20万平方米多层厂房全部投入使用，二期20万平方米多层厂房6月底竣工交付，三期20万平方米厂房9月开工建设。现已成功落户项目42个，其中，竣工投产项目11个，开工建设项目17个，签约待开工项目14个，在手跟踪有效项目信息60多个，重点跟踪20多个，2016年4~7月份，竣工投产项目实现开票销售3.67亿元，其中出口1200万美元。同步推进园区配套，8月份智能终端产业研究院投入实质性运作。

■招商推介会

■智能终端产业研究院

城市亮点

◎现代服务业

服务业是盐都经济发展的重要产业，是推动经济持续增长的重要来源。“十一五”期间盐都服务业的发展，总体上呈现“总量规模持续扩张，占比份额稳定提升，业态结构不断优化，规模投入强劲增长”的良好态势。全区服务业增加值达到 100.48 亿元，占全区 GDP 的 33.1%；实现税收 15 亿元，占一般预算收入的 42.9%，高于工业 6.5%；完成投资 96.46 亿元，占全社会投资的 30.6%；服务业从业人员占全社会从业人员的比重不断攀升。

“十二五”期间，盐都区确立了“全市率先，苏北领先，全省争先”的总体战略，提出了服务业增速全市最高的目标要求。

■物联大厦

■苏宁电器物流配送中心外景

■红星美凯龙夜景

■高力国际家居港

■毕华丽庄园

■麦德龙购物中心

■盐城万达广场效果图

沸腾的园区

一大批新材料、新能源、高科技和节能环保的新项目落户园区，一大批高新产业园、工业园、创新园拔地而起。

■恒力机电工业园

■盐都招商大厦

■盐都科技示范创业园

■宝才工业园

■郭猛节能环保装备产业园

■中小企业创业园

盐都物联大厦

第四章

百卉含英

Bai Hui Han Ying

创业开放　生态富民

盐都文化底蕴深厚，自古以来，西部的楚文化、北方的齐鲁文化和南方的吴文化就在这里相互交融，演进发展，孕育了深厚丰富的地方文化。文人墨客荟萃又催生了一代又一代星光闪烁的志士和名人。“建安七子”之陈琳、明末清初大书法家宋曹都留下了不朽的篇章。海国孤忠陆秀夫、明翰林大学士朱升、翰林院编修徐铎、“盐城的阿凡提”沈拱山、“苏北的鲁迅”宋泽夫、“台湾前行政院长”郝柏村、儿童文学家李有干、北大教授著名文学家曹文轩、新闻摄影师唐理奎、知识青年的好榜样董加耕、当代著名作家李国文等，既有古代名流，也有当代俊彦，他们都是盐都人民的骄傲。

区委区政府非常重视文化在社会主义现代化建设中的地位和作用，大力弘扬宣传社会主义核心价值观的主旋律文化，继承和发展具有光荣革命传统的红色文化和铁军文化，保护和支持优秀的民间文化和群众文化，鼓励广大文艺工作者创作和整理许多优秀的文艺作品，定期举办各种专业文化艺术节和书画作品及民间工艺作品展，积极扶持具有地方特色的剧种淮剧，其作品多次荣获国家文化部及中宣部优秀作品奖，各类专业艺术团体也经常来盐都进行演出，使得盐都的群众文化工作呈现出一派欣欣向荣的景象。

■群众合唱比赛

群众文艺

◎风韵盐都之专业演出

■沿海行专场文艺演出

■专业文艺演出

◎文化工作

中国戏曲现代戏创作基地揭牌仪式在盐都区文化艺术中心举行，文化部原副部长潘震宙、中国戏曲现代戏研究会、省文化厅、市文广新局以及盐都区相关领导出席了揭牌仪式。

■中国戏曲创作基地落户盐都

■文化艺术中心启用晚会

■鞍湖文化站

地方戏曲

◎淮剧大观

淮剧原称“江淮戏”、盐城戏或江北小戏，起源于盐淮地区，流行于苏、沪、皖。是结合“香火戏”和流传于民间的“门叹词”后，与“徽班”相融，逐渐形成的曲种，已有二百多年的发展史。现在淮剧已被列入国家级非物质文化遗产名录。区政府正加大投入力度，抓好地方剧团建设，进一步协调和改善市淮剧团办公、创作、排演条件，提升、完善硬件配套设施功能，强化对优秀青年演员和编剧人才的培养，把这个优秀的地方剧种保护好、传承好、发展好，为建设文化盐都、实现文化软实力成为我区发展硬支撑发挥更大的作用。

区属盐城市淮剧团创作演出的大型现代淮剧《鸡毛蒜皮》《十品村官》《半车老师》先后三次晋京演出，其中两次是向党的全国代表大会献礼演出，充分展示了淮剧的艺术魅力和盐都的人文底蕴，获得了中宣部“五个一工程”奖、文化部文华奖、中国曹禺戏剧奖、中国戏剧梅花奖等重大奖项。

■大型现代淮剧《菜籽花开》惠民演出

■淮剧博物馆

2012年8月29日、30日晚，淮剧《半车老师》在北京中国评剧大院剧演出并取得了圆满成功。盐城市淮剧团全体演职人员通力协作，令具有独特魅力的淮腔淮韵再次风靡京城。《人民日报》(人民网)、新华社(新华网)、中央电视台、《解放军报》(中国军情网)、《光明日报》《中国文化报》《文艺报》、江苏卫视等数十家中央和地方媒体对演出进行了报道。

《半车老师》剧照

《半车老师》剧照

盐城市淮剧团编排的大型现代淮剧《十品村官》，以她特有的苏北风情，轻松的喜剧格调，精湛的表演技巧，赢得了观众和专家的好评，夺得了舞台艺术精品剧目。该剧鲜活的人物，生动的情节，明丽的画面，深层的哲理，纯真的感情，幽默的语言，偶然的“巧合”，自然的“误会”，经过剧作家心灵的酿制，升发出荡人心神的力量。

■《十品村官》剧照

■淮剧欢乐大舞台

◎戏剧小梅花

从娃娃抓起，淮剧艺术后继有人。

■第13届“中国少儿戏曲小梅花荟萃”佩花晚会

■名至实归

民间艺术

◎精彩舞龙

盐都舞龙历史悠久，尤以义丰镇舞龙为代表而闻名，2002年被省文化厅评为“民间艺术之乡——龙舞之乡”。其舞龙历史悠久，底蕴深厚，独具特色的文化品牌，影响力广泛，美誉度极高，义丰镇舞龙代表队先后多次参加国家、省、市舞龙表演比赛，屡获大奖。1999年12月19日，大纵湖义丰“鑫龙”舞龙队代表江苏省赴北京参加“庆澳门回归全国舞龙大赛”一举捧回银奖。国庆50周年，他们再次代表盐城市参加全省“喜迎新世纪舞龙大赛”，夺得一金双银，被誉为“江苏第一龙”。长期以来，里下河地区的广大农民已经习惯了把舞龙作为欢度喜庆节日，展现人们精神风貌的文化娱乐活动。在“龙腾大纵湖 · 喜迎十八大”2012年“剑桥杯”首届里下河地区龙舞邀请赛中，大纵湖镇义丰龙舞队、和来自扬州、淮安、泰州以及盐城本地的18支龙舞代表队经过激烈的角逐，一举获得了邀请赛大奖“金龙奖”。

■里下河地区舞龙邀请赛

■龙腾人欢

■里下河龙舞

■龙腾人欢

◎柳编绝活

龙冈镇的柳编工艺历史悠久，至今已有几百年的历史。随着人类自身不断进步，柳条不断翻新，柳编技艺也由原先单纯的使用柳条制作民间家具、用具发展到柳条、柳皮与竹、木、草、藤、玻璃相配套的多功能工艺品、装饰品及旅游纪念品等，品种有：劈盘、花篮、菜篮、柳椅、柳包等日常用品。不但深受国人喜爱，西方国家也较为欣赏，广泛使用。

■柳编作品

■琳琅满目

■柳编者

柳编作品

■周纪珍与老虎鞋

◎老虎鞋

老虎鞋是民间传统的工艺品，是人们对虎文化的传承和发展，在民间有穿虎鞋祛病驱邪、消灾降福之说。尚庄镇的周纪珍、王华是其中的代表性传承人。尚庄老虎鞋具有极高的实用价值、美学价值、民俗学价值、民族文化认同价值和收藏价值。

尚庄老虎鞋除流传到北京、上海、香港、台湾外，还被带到美国、日本、菲律宾、新加坡等国。2007 年 3 月，被江苏省人民政府列入首批省级非物质文化遗产项目名录。

第五章 一方热土

Yi Fang Re Tu

创业开放　生态富民

教 育

◎盐城市第一中学

盐城市第一中学植根于文化厚重、具有光荣革命传统的盐阜老区。学校始建于 1923 年，是盐城第一所公立中学，曾被陈毅元帅誉为苏北中等教育的“天之骄子”。1990 年首批通过江苏省重点高中评估验收，2001 年通过国家级示范性高中评估验收，2003 年转评为江苏省首批四星级高中，2009 年高分通过江苏省四星级高中复审。

学校占地面积 280 亩，建筑面积 10.55 万平方米，绿化率达 58%。拥有省低碳教育课程基地、省防震减灾科普馆、DIS 探究实验室、趣味实验室、天文馆、校史馆、电视演播中心、室外乒乓球场、网球场、篮球馆、游泳馆和体艺中心等个性化的先进设施设备。

学校共有 88 个班级，在校学生 3600 余人。专任教师 351 人，其中硕士研究生 45 人，教授级中学高级教师 5 人、省特级教师 5 人，中学高级教师 137 人，全国模范教师、省“333 工程”培养对象、市级以上有突出贡献中青年专家 5 人，市名校长 2 人，市名教师 5 人，市、区学科带头人和教学能手 113 人，数理化生以及信息奥林匹克教练员 32 人。

■广播体操比赛

近年来，全体师生员工秉承“自胜自强”的校训精神，弘扬“勇争第一”的学校文化，全面建设活力迸发的激情一中、敢于担当的责任一中、勇争第一的质量一中、崇文守正的书香一中和以文化人的人文一中，全面推进素质教育，全面深化教育改革，取得了显著的办学业绩。学校先后获得了全国未成年人思想道德建设先进集体、国家级体育传统项目学校、国际生态学校绿旗荣誉学校、全国环境教育示范校、全国安全消防示范校、省教育工作先进集体、省文明单位、省模范学校、省绿色学校、省园林式单位、省和谐校园、省首批优秀课程基地学校、省科学教育特色学校、市文明单位标兵、市中小学德育工作先进集体、市校园文化建设实验学校、市科普教育基地、市和谐校园等多项荣誉称号。学校还成为北京大学、南京大学、东南大学等多所“985”“211”知名高校的优质生源基地。

■校园鸟瞰图

◎盐城市毓龙路实验学校

盐城市毓龙路实验学校是由盐城市第一初级中学与盐城市第二小学北校区整合新建而成的九年一贯制学校，校园占地面积 7.25 公顷，建筑面积 74392 平方米，整体建筑造型庄重典雅，融中西之长，呈简欧风格，是串场河畔、毓龙路旁的亮丽名片。学校全面贯彻教育方针，积极实施素质教育，规范办学行为，强化规范管理，坚持内涵发展，塑创质量品牌，取得了骄人办学业绩。先后获得省实施教育现代化工程示范初中、省基础教育课程改革先进集体、省冬季“三项”锻炼活动先进学校、省科技特色联盟校、市文明单位、市中小学德育工作先进集体、市优秀家长学校、市“诚信在盐城”先进集体等荣誉称号。

■毓龙路实验学校全景

■科技活动

◎盐城市第二小学

盐城市第二小学创建于1949年9月，系江苏省实验小学，江苏省名校。学校现为一校两区，有69个班级，3600余名学生，215名教职工，其中特级教师2人，市、区学科带头人、教学能手和教坛新秀69人。

学校以“涵养大气，享受幸福”为文化主张，坚持文化为魂，质量为重，特色为先，安全为底，全面推进素质教育，积极实施新课程，努力追求“高质量、有特色、现代化”的办学目标，依法治校；以校训“自信 自强”为价值宣言，坚守“用爱做教育，以美塑新人”和“给孩子一辈子有用的东西”为核心的教育发展理念，致力扬“善人文化”、办“善人之教”。

多年来，教师专业发展、课程文化、德育创新等工作进一步走向精品化、个性化，展现出二小人的孜孜以求。学校通过丰富“爱心文化、礼仪文化、书香文化、责任文化、特色文化”等内涵，逐步形成了“小号手自主教育”“四点半特色教育”和“红十字博爱教育”三张教育名片，其中由冰心奶奶题名的《小号手报》，从1985创刊至今，已出刊276期，记录了二小学子美好的童年印迹，谱写了学校历经风雨、蓬勃发展的美丽华章。学校先后获得全国小公民道德建设实验基地、全国红十字模范校、全国有效教学课题实验学校、江苏省实验小学、江苏省德育先进学校、江苏省体育传统项目学校、江苏省艺术教育特色学校、盐城市文明单位、盐城市绿

■腾飞路实验学校

■前进校区

■育人理念

色学校等 50 多项荣誉称号。《中国教育报》《江苏教育》《盐城教育研究》等多次报道学校教育教学工作和丰硕的办学经验及成果。

2007 年 5 月，盐都区组建盐城市第二小学教育集团。2010 年 8 月，集团原辖树人外国语实验学校退民为公后，成为盐城市第二小学教育集团总部新址。目前，集团由盐城市第二小学、毓龙路实验学校小学部、神州路小学、水上学校、潘黄实验学校小学部、郭猛实验学校小学部、张庄小学和崇礼路小学等八个单位组成。作为集团领衔学校，市二小努力践行“优质均衡 促进公平”的盐都教育发展主题。近几年已向集团内成员校和乡镇学校派出交流支教人员 100 多名，接受其他学校派出学习人员一百多名，并积极组织骨干教师送教下乡，组织“春之声”“秋之韵”公开教学和校本研修品牌“相约星期六”活动，对全区各小学开放，承办全市小学内涵建设现场推进会和小学生课外阅读现场会，有力地推动校际间互相学习、互相促进，互相提升。

■中国足球之希望

◎盐城市盐都区幼儿园

盐城市盐都区幼儿园创办于 1986 年，现有教职工 68 人，在编教职工 41 人， 1998 年被认定为“江苏省示范性实验幼儿园”。先后荣获“全国三八红旗集体”“江苏省巾帼示范岗”“江苏省平安校园”“江苏省和谐校园”“盐城市文明单位”等荣誉称号。

多年来，该园一直遵循“以人为本”的办学理念，保教质量不断提高，事业蓬勃发展。为了适应教育资源布局调整，2014 年 8 月整体搬迁到盐都区潘黄街道吴杨居委会境内办学。新园投资近 4000 万元，占地 20 亩，建筑面积 7800 平方米。办园两年来，现招收 16 个班，在园幼儿 600 名。欧式的建筑风格，园内环境优美，设施设备齐全。

我园始终坚持“科研兴园”，向教科研要质量，教科研工作搞得扎实有效，先后有《外来人口家庭幼儿良好行为习惯的培养和指导》《趣味美工融入主题教学的实践研究》等多个省、

■课间活动

■青年都是优质课评比

■文艺汇演

市级课题结题。通过开展课题研究和园本教研活动，教师的教科研能力明显提高，业务能力和课堂教学水平不断提高。连续多年有多名教师在省、市幼儿园优质课评比活动中荣获一等奖。17 人先后被荣获市、区学科带头人、教学能手称号。

2015 年被批准为江苏省第二批课程游戏化项目共建园，我园能根据《指南》的要求，课程游戏化建设的目标，将环境创设、区角活动、家园共育、一日活动各环节融合一起，扎实推进课程游戏化建设，将“自由、自主、创造、愉悦”的游戏精神融入幼儿在园一日活动各环节中。

■快乐涂鸦，创意绘画

◎丰富多彩的校园活动

■课外棋艺社团

■邀请检察官到校开展法制教育

■京剧艺术进校园

■校园文化艺术节汇演

■学生参加市“杰出人士”颁奖典礼

■孩子们在戏雪

■“足球进校园”活动蓬勃发展

◎各类获奖奖牌

江苏省基础教育课程改革
先进集体
江 苏 省 教 育 厅
二〇一〇年三月

江苏省学前教育改革
发展示范区
江苏省人民政府
2015年2月

江苏省义务教育优质均衡
发展县(市、区)
江苏省人民政府
2015年3月

全国义务教育发展
基本均衡县(市、区)
国务院教育督导委员会
二〇一三年十二月

江苏省平安校园建设
示范县(市、区)
江苏省教育厅 江苏省综治办 江苏省公安厅
二〇一六年六月

江苏省青少年校园足球试点县(市、区)
江苏省教育厅 江苏省体育局
二〇一五年四月

江苏省公共体育服务体系
示 范 区
江 苏 省 体 育 局
二〇一五年四月

江苏省群众体育
先进集体

◎均衡优势教育资源的盐都教育集团

■盐都区教育局

■龙冈凤凰幼儿园

■神州路小学

■郭猛实验小学

卫 生

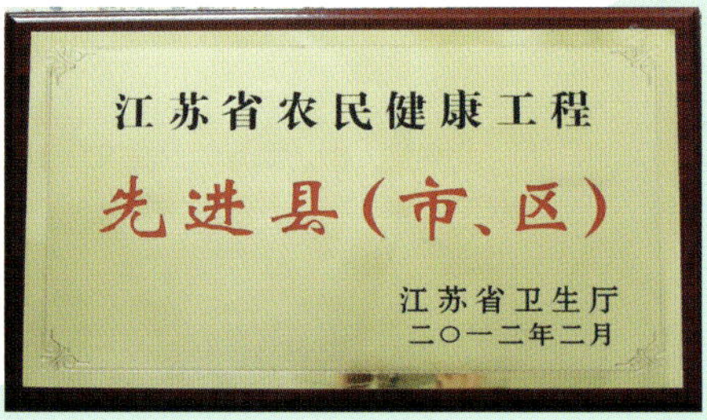

全区卫生工作在区委区政府的正确领导下，以党的十七大、十八大精神为统领，解放思想，开拓创新，扎实工作，医药卫生体制改革全面深化，农民医疗保障水平有力提升，医疗卫生服务体系建立健全，卫生综合服务能力明显增强，人民健康水平进一步提高。全区卫生工作先后获得4项国家级表彰，被评为“全国社区中医药工作先进单位”“全国慢性病综合防控示范区”，区卫生局被评为“全国卫生系统先进集体”，区疾控中心被评为“全国疾病预防控制工作先进集体”；先后获得3项省级表彰，被评为“全省医改工作先进地区”“全省农民健康工程示范区”“全省社区卫生服务先进区”；区卫生局连续6年获“全市卫生工作目标任务绩效考核特等奖”。

■2011年创建成苏北、苏中唯一的全国慢性病综合防控示范区

◎疾病预防控制

区疾病预防控制中心大力弘扬“务实、高效、创新、求精”的中心精神，团结拼搏，勇于开拓，相继建成全国首批慢性病综合防控示范区、全国第三轮艾滋病综合防治示范区等，全国第一轮疾控机构绩效考核省级评估成绩优秀，先后获得“全国结核病防治工作先进集体”“全省百家群众满意的医疗卫生单位”、省级青年文明号、省级巾帼示范岗，2013 年获得省文明单位，2015 年获得国家卫计委表彰“全国疾病预防控制工作先进集体”，中心“53100”服务品牌入围全市服务品牌竞选，单位职工获国家、省、市级奖项 37 人次，全区疾控事业呈现跨越发展态势。

■创卫检查

◎卫生监督

区卫生监督所坚持以体系标准化建设统领各项工作，严格执法、优质服务，业务工作保持5年全市第一，连续获省卫生监督所表彰；卫生监督协管服务工作成为苏北唯一承担省试点项目区；行政审批中心窗口连续八年被评为“红旗窗口”；连续七年获市文明单位，积极争创省文明单位；被市政府确认为“依法行政示范点”“人民满意基层服务单位”。在创建国家卫生城市中，实行“五加二”“白加黑”全天候工作机制，团结奋战，为大市区建成国家卫生城市作出重要贡献。

■卫生监督体系建设评估工作通报会

◎妇幼卫生

区妇幼健康工作坚持“以保健为中心，以生殖健康为目的，保健与临床相结合，面向群体、面向基层和预防为主”的工作方针，以妇幼健康优质服务示范工程创建为龙头，不断规范妇幼保健管理，优化保健服务过程，科学防治妇女儿童疾病，努力降低孕产妇死亡率、婴儿死亡率和出生缺陷发生率，取得了较好的成效。至“十二五”期末，超额完成省、市下达妇幼重大公共卫生项目任务，免费婚检率95.51%，孕产妇、7岁以下儿童保健管理率分别达99.09%和98.79%，孕妇产前筛查率91.76%，新生儿遗传代谢疾病筛查率99.72%，新生儿听力筛查率99.46%，婴儿、5岁以下儿童死亡率分别控制在2.11‰和2.74‰，出生缺陷发生率为2.46‰，均低于省、市控制指标要求。

■省卫生厅专家检查重大妇幼卫生项目工作

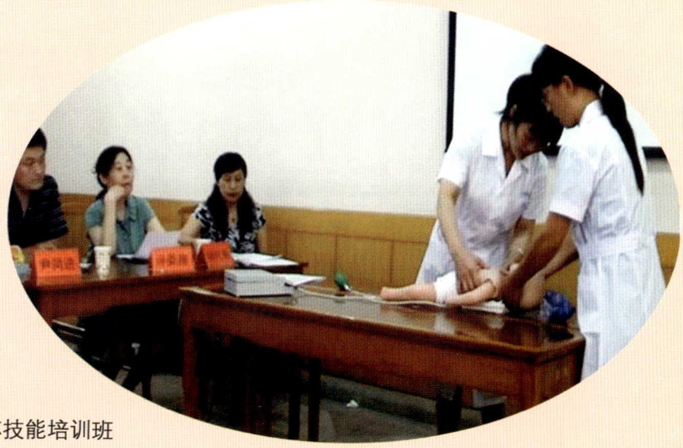

■新生儿复苏技能培训班

■卫生部疾控局领导调研重性精神疾病管理服务工作

◎精神卫生

区精神病防治院以建立精神病人免费救治新政策为抓手，扎实推进重性精神疾病患者社区管理工作，切实解决了精神疾病患者救治与管理难问题。精神疾病患者生存质量和管理水平全面提升，精神疾病患者管理治疗工作规范化、系统化水平一直位居省市前例，有力地维护了社会稳定。

■精神疾病患者免费治疗项目启动会议

■组织市三院医疗专家送医到基层，开展“送防病知识、送健康咨询、送诊疗服务、送保健名片、听民意心声”的“四送一听”上门服务

■2016年5月，盐都区通过“全国基层中医药工作先进单位”复审验收

◎医疗服务

分级诊疗制度初步形成，村级初诊、镇级首诊、区级主诊和双向转诊的就医流程、医疗保障结算制度规定完善提升。成立了市三院“1+6”模式医疗联合体，派专家 62 人次到基层医院进行专题指导，诊疗 596 人次，手术 38 人次，受到基层群众普遍好评。远程医疗探索推进，市三院与大冈镇、郭猛镇两个卫生院初步实现远程会诊、远程影像诊断、远程心电诊断、远程检验和病理会诊。预约诊疗体系进一步拓展，在市三院实现预约诊疗的基础上，区二级以上医疗机构已实现网站预约、电话预约、现场预约挂号，目前正积极搭建微信预约平台。乡村医生签约服务全面推进，在各镇 23 个试点村的基础上，按 30% 比例计 65 个村进行覆盖推广。城市社区组建家庭医生团队 17 个，村居覆盖面 95%。大力推进基层中医药服务能力建设，全区 12 家乡镇卫生院（中心）建成独立的中医药综合服务区。2016 年 5 月，盐都区顺利通过“全国基层中医药工作先进单位”复审验收。

◎盐城市第三人民医院

盐城市第三人民医院创建于1946年，是一所集医疗、教学、科研、预防保健、康复为一体的三级甲等综合医院（系全省同类医院首批），是苏北地区第一所人民医院。现为东南大学医学院和南通大学附属医院，是徐州医学院等高等医药院校的教学医院，为国家级住院医师规范化培训基地。

医院现有南北两个院区，核定床位1600张，设32个临床科室、12个医技科室、40个病区。医院始终坚持“科技兴院”“人才立院”的发展战略，医疗技术、科研教学和人才队伍建设均取得了长足的进步。近几年来获省、市级科技进步奖38项，省、市医学新技术引进奖23项，承担省市科研课题60项；现有东南大学医学院硕士研究生导师16人，省“六大人才高峰”高层次人才培养对象3人，省“333高层次人才”9人，市“突出贡献中青年专家”4人，市医学领军人才5人，市医学重点人才11人，博硕士研究生210人；南通大学医学院兼职教授和副教授83人。

医院先后被国家卫生部、中国红十字会授予“全国卫生先进集体”和“中国红十字先进集体”称号，连续多年被评为省、市“文明单位”，并获“全省卫生系统先进集体”和“全国百姓放心示范医院”等荣誉称号。

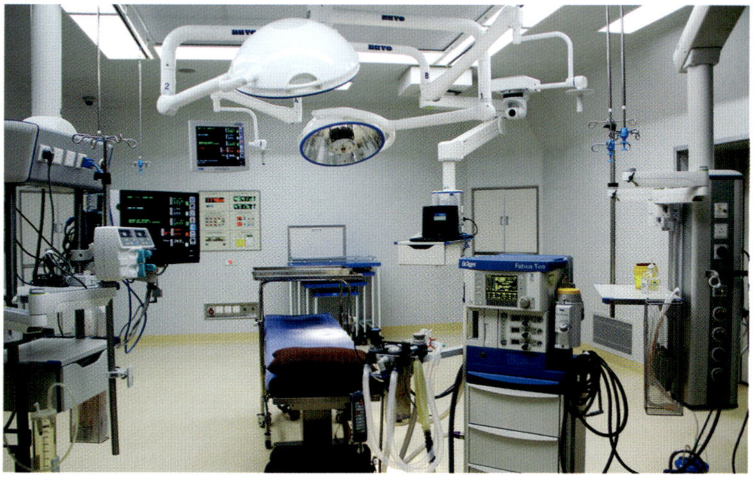

■数字化层流净化手术室

■南院优美的环境

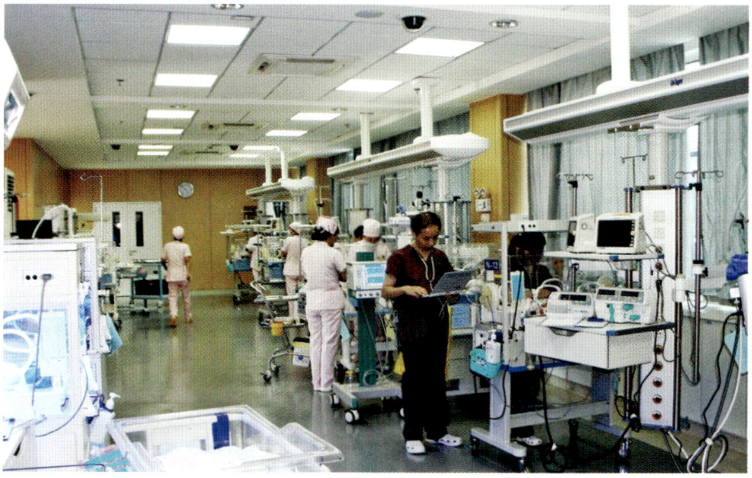

■新生儿监护病房

友好交往

近年来，随着对外开放的不断深入，加强了对外经济合作和友好交流交往，并与德国茨威考市缔结为友好城市。盐都与茨威考市有很多相似之处，双方合作的互补性很强，具有广阔的发展空间。双方就教育、文化、机械制造业达成了许多合作协议，双方交流互访频繁，建立了很好的互信合作关系，这将进一步增进双方友谊，提升合作层次，拓宽合作领域，为振兴盐都经济奠定了良好的基础。

■盐都与德国茨威考市缔结为友好城市

■区长吴本辉会见德国茨维考市工商会外经部部长

■美国圣地亚哥郡郡长一行到盐都参访

■盐城市第一中学师生代表团参访德国茨维考市

■朝鲜代表团来盐都区考察计划生育工作

■美国《洛杉矶时报》记者在潘黄街道计生服务中心采访

慈善盐都

近年来,“慈善盐都”不断发力,每年春节前开展的“情暖盐都 · 千万资金惠万民”大行动,已成为盐都福利社会建设的一大标志。区四套班子成员走农村、访农户、进企业,向全区弱势、优抚、特殊等群体送去新春的祝福,带去党和政府的温暖。全区已有 10 多万人从中获得实惠,且受惠群众还将逐年增多。

■表彰援川建设大队

■资助大学生

■为灾区捐款

■捐赠

■无偿献血

第六章

飞红万点

Fei Hong Wan Dian

创业开放　生态富民

盐都，地处里下河水网地区，生态湿地环境优美，水乡风情自然独特，人文底蕴丰韵深厚，是一个自然生态和人文景观和谐融合的旅游胜地。境内主要旅游景点和人文景观共有 20 多处，拥有国家 AAAA 级景区 1 家：大纵湖旅游景区；国家 AAA 级景区 1 家：世纪公园；国家 AA 级景区 1 家：“三胡”陈列馆；全国农业旅游示范点 1 家：华都森林公园；江苏省四星级乡村旅游点 5 家：龙冈华都森林公园、潘黄街道仰徐生态草莓园、葛武郝氏故里旅游景区、江苏稳强农业生态园、盐都台湾农民创业园，江苏省二星级乡村旅游点 2 家：秦南镇泾口村、北龙港朱升文化园；国家五星级饭店 1 家：驿都金陵大酒店，正在新建 3 家；省自驾游基地 2 家：大纵湖旅游景区、华都森林公园；国内旅行社 9 家，另有旅游商品生产与销售企业 20 余家。

区委明确提出，要“借统筹城乡发展之势，走‘整体规划、打造特色、优势互补’之路，将旅游业培育成为新的支柱产业”。围绕区委区政府所提出的“双新引领、三化并进、产城融合、城乡统筹、民生改善”的工作思路，按照“生态、农业、人文、乡村”四大主题，盐都突出建设“生态湿地、农业观光、田园体验、民俗风情、名人文化”五大旅游产品框架体系，成功打造了“梦里水乡，生态盐都”旅游品牌。

■大纵湖景区

乡村旅游

以农民收入高位持续增长为目标，把促进高效农业和观光旅游业融合发展摆上更加突出的位置，通过行政推动、项目拉动、政策驱动，全力叫响生态特色旅游品牌，以大纵湖景区为龙头，以三湾、三官 2 个里下河水乡风情特色生态村，仰徐、杨侍、泾口 3 个“苏北最美乡村”，胡乔木、郝柏村、胡公石、宋曹 4 个名人故居，重庆啤酒、七星农场、台创园、番茄主题公园、尚湖景区 5 个产业观光点为重要景点，紧紧围绕“见水透绿的生态、以水为魂的景区、临水而居的古宅”的主题定位，重抓“一个重点”即东晋古城，“五大项目”即环湖大道及绿化、污水处理厂、景区疗养院、高档住宅区、度假宾馆，精心培育生态盐都两日游精品线路，定期举办各类农业生态旅游节，致力把旅游业打造成盐都新的支柱产业。使全区现代高效旅游农业发展亮点纷呈、活力倍增。

■大纵湖旅游节开幕式

■仰徐葡萄采摘节

◎杨侍水上乐园

杨侍村是中国最美休闲乡村、中国最美村镇。近年来，杨侍村不断加大投入，完善村里的基础设施，大力发展村级旅游经济，积极实施惠民工程，村容村貌发生巨大改变，当地村民的生活质量也大大提高。围绕“国家AAAA级景区”的创建目标，杨侍村立足自身优势，科学谋划，从产业发展、乡村旅游、生活富裕、人文和谐等方面不断开拓提升。至2015年底，杨侍村已投入资金2.3亿多元，相继建成生态阳光餐厅、温泉大浴场、百亩游龙湖、百亩葡萄园、百亩开心农场和3000平方米的小公园。一个环境优美、村民幸福的新杨侍，正展现在世人面前。

◎杨侍农业生态园

杨侍农业生态园位于郭猛镇杨侍村，距离市区 5 千米，2011 年开始建设，已累计投入资金 3 亿多元。是江苏省四星级乡村旅游点，总面积 100 公顷，有可同时容纳 1600 人就餐、面积达 8000 平方米的生态阳光餐厅，餐厅有各种风格迥异、造型独特、环境优雅的生态大小包间 40 多个，汇集全国各地特色菜肴上百种，游客一边欣赏生态美景，一边品尝天下美食；总面积达 12000 平方米，可同时容纳 1200 人沐浴的室内外温泉。内有牛奶浴、红酒浴、鱼浴、盐浴及各种美容、养生、保健于一体的特色温泉供游客选择；室外温泉设计有 20 多个异国风情主题区域，有百亩游龙湖，内有鳄鱼池、垂钓区、游船，还有供游客休闲的 7 座小木屋；有生态公园，内有曲桥长廊、荷花映月、小灵山大佛、观音送子等，给园内增添了禅语幽静、感悟人生的好去处；千亩高效农业生态园内十多种无公害蔬菜和果品，其中有 10 个品种的葡萄采摘区、有 8 个品种的鲜桃采摘区、有 8 个品种的樱桃观赏采摘区，供游客自摘自采，体验农家野趣；儿童乐园于和水上天堂不仅游人如织，也是盐城电视台“快乐大冲浪”水上竞技节目的拍摄基地。有“温泉世界、美食天堂”的美称，是盐城人休闲度假的绝佳去处。

■杨侍生态美食园

■杨侍温泉世界

◎三官农家乐园

位于大纵湖镇三官村境内的三官农家乐园项目，总占地 481 亩，建筑面积 8.5 万平方米，其中一期工程 240 亩，建筑面积 3.5 万平方米。总投资约 1.5 亿元。根据规划，三官农家乐园将着力打造具有鲜明里下河特色的风情民居，打造一个集农家美食、休闲娱乐等功能于一体的水乡闲适场所。突出旅游、休闲、娱乐、生态四大主题，项目分为公共服务区、景观游览区、居民住宅区等三大功能区，以一阁、两亭、三堂、十园为主要表现形态，努力形成美食街、古玩街、游乐街和湖鲜城“三街一城”的格局，为大力开展生态休闲旅游和民俗文化体验旅游提供平台。

■望湖阁

◎草房子乐园

“草房子乐园”位于著名儿童文学家，“国际安徒生奖”获得者曹文轩教授的故乡——盐城市盐都区中兴街道周伙村，交通便捷，道路通达。中兴街道从 2015 年开始高标准规划、高标准建设“草房子乐园”，全力打造集少儿教育、乡土文化、乡村旅游、体验基地为一体的“草房子”文化名片，真正把曹文轩作品中的儿童文学精髓呈现在乐园规划建设中，打造成盐城乃至江苏省首个展现童话之美、生态之美、天伦之美、童趣之美的生态儿童主题乐园。

“草房子乐园”以曹文轩旧居为核心，在认真调研并征得曹文轩教授本人同意的基础上，确立了“以田园生态为基底，以地域文化、儿童文学为灵魂，以亲子游乐为主体，以景村合一、农旅结合为特色，以纯真童年、校园回忆、农家小院、旅游服务为主规划建设，规划总面积 780 亩，核心区 260 亩。工程开工建设后，园区内房屋修缮 1000 平方米；新建图书室、陈列

■老校门楼

■秦大奶奶的小屋

■小憩凉亭

室、教室、公厕，硬化道路 5 千米，种植千株红枫，打造园中的红枫大道；生态驳岸 1000 多米；种植各类景观苗木 1 万多棵；草皮 3 万平方米，整治园区内庄前屋后的所有沟塘河道。

随着曹文轩荣获国际安徒生奖，“草房子乐园”正在加快施工，学校的原型已经恢复，几幢校舍屋顶上重新覆盖了茅草，教室内也按照过去的布局摆放了课桌，校园内及四周环境大为改观。新建和复建草房子、小憩凉亭、互动室、景观土丘、河湾栈桥、老校门楼、乡野童趣运动场及多种儿童娱乐设施，园区景点建设初具规模，已接待游客 1.8 万人次，预计将于 2015 年底完成校园回忆区、入口服务区建设。

■校园一角

生态旅游节

◎龙冈桃花节

桃花艺术节始于 2012 年，每年桃花节游人如织。2015 年 4 月，以“缤纷桃花秀、多彩新龙冈”为主题的 2015 盐城 · 龙冈第三届桃花艺术节暨盐都区旅游摄影大赛盛大开幕。此次活动，从 4 月 1 日开始，至 16 日结束。通过举办“踏青赏花摄影”“福运连连，桃园祈福”“弥陀律寺庙会展”“迎春骑马”等一系列丰富多彩的节庆活动，充分展示桃花园的田园风情与生态美景。

■寿星广场

■首届桃花艺术节

■春天的彩虹

■2016年桃花节开幕式

◎大纵湖螃蟹节

“秋风响，蟹脚痒，九月圆脐十月尖。”大纵湖螃蟹节，始于2010年，每年在美丽的生态湿地——大纵湖如期举办。围绕“大纵湖大闸蟹”——自然孕育的精华为主题，精心组织“蟹王、蟹后”争霸赛、蟹宴厨王争霸赛、啤酒达人争霸赛等若干主体活动版块，邀请全国各地特色风味小吃加盟，同时还有滑稽、卡通、魔术、杂技、歌舞等文艺节目表演，给观众带来一台极具视觉和听觉享受的大闸蟹饕餮盛会。2015年10月，第六届大纵湖螃蟹节开幕暨“天下第一笼”开笼，活动期间不但可以和百余人一同品尝美味大纵湖大闸蟹，还可以一品蟹黄包、糯米糖藕、菱角等水乡特色风味。

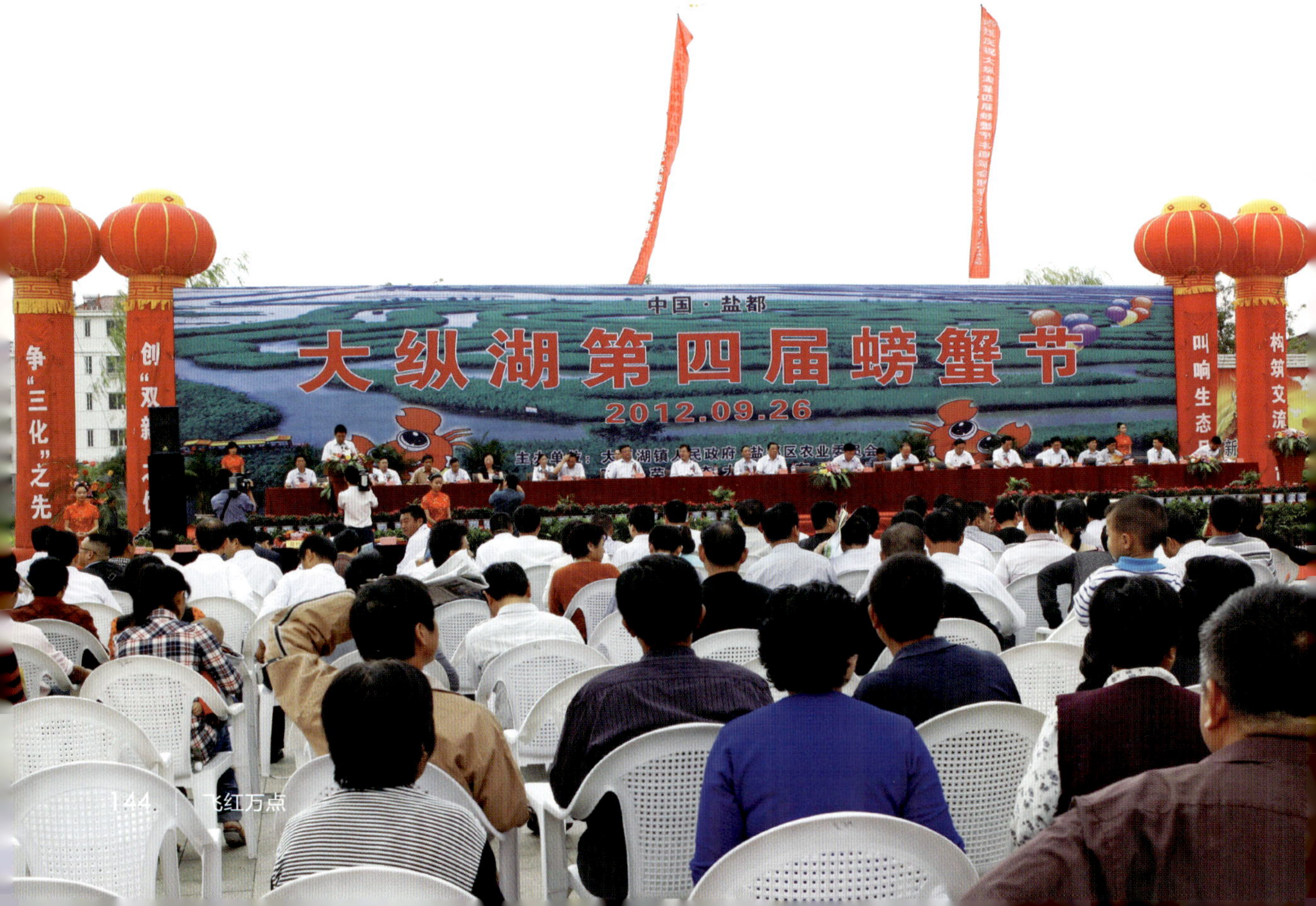

■我推荐这只

■第六届大纵湖螃蟹节暨“天下第一笼”开笼

■三官婚庆节

◎三官农庄民俗婚庆节

盐都地处里下河腹地，被称为民间艺术宝地，2015 年首届水乡民俗集体婚礼在大纵湖镇举行。婚礼中的新人按照婚礼习俗中告嫁、迎亲、婚宴程序，演绎落轿、敬茶、踏财、跨火盆、过马鞍、迈凳、三拜、挑盖头、喝合卺酒、乘喜船等全部流程，体验了抬花轿、走财路、过火盆、跨马鞍、挑盖头、拜天地、乘喜船等极具里下河民俗婚礼特色的经典环节。锣鼓唢呐开路，新人们身着统一定制的传统结婚服饰，沿街游过，恍如时光回流，穿越到了古代。婚礼现场花担悠悠、湖船荡漾、连厢声声、狮舞欢腾，令新人难忘，观众羡慕。流行于里下河区传统婚俗文化魅力再现，福娃报喜、花担悠悠、湖船荡漾、腰鼓阵阵、狮舞欢腾，吸引了四乡八邻前来观看。

◎台海菊花节

2015 年 9 月 26 日至 11 月 30 日，首届台海菊花节在美丽的农村经济开发区（台湾农民创业园）中新希望广场上如期举办。活动期间，“十二生肖”主题菊花展面向广大游客开放，1000 平方米菊花主题广场馥郁芬芳，可漫步花海徜徉花的天堂，300 多种观赏菊花的温控大棚，可全景展示秋菊风貌，让人流连忘返。除此之外，中秋佳节当天，景区内更有舞龙、舞狮、踩高跷、抖空竹、猜灯谜等活动精彩纷呈。

◎秦南泾口狮舞赛

锣鼓喧天过端午，群狮起舞竞风流。雄狮齐舞、踩梅花桩、登高望远 ...2015 年 6 月，盐城市盐都区在“狮乡”秦南镇泾口村举办了以“舞动狮乡，乐水泾口”为主题的首届狮舞赛，来自全国多地的 12 支代表队各展绝技，为数千名群众呈现了一场精彩的文化视觉盛宴。作为非物质文化遗产，秦南狮舞历经几百年传承和发展，已经成为盐城周边地区一项具有地方特色的群众性文化活动项目。狮舞文化已融入秦南传统文化血脉中，成为秦南镇一张靓丽的文化名片，并享有“狮舞之乡”美誉。秦南狮舞历经几百年的传承和发展，动作轻巧灵活、形象威武大气，具备北狮的特征，又有自己的特色。秦南镇现有幼狮舞、童狮舞、青狮舞、手狮舞等 10 支专业演出队伍。

◎尚庄庙会

每年正月初五，盐都区尚庄镇民胜村都要在村头举行庙会，这是盐城唯一一个 10 年未间断，完全由村民们自筹资金，自排自演。庙会当天家家都摆上供桌，敬上水果、鱼肉、酒等，当地人称为敬菩萨。还要点上斗香，摆上象征生活越来越甜的甘蔗。除了表演舞龙、舞狮外，还要游划船、挑花篮、踩街、送财神、迎财神等。至 2015 年，尚庄庙会已连续举办了十二届，届时当地人载歌载舞迎财神，红红火火过大年，极大地丰富了农村地方文化活动，增添了节日的文化气氛，受到群众的广泛欢迎。

三胡陈列馆内景

红色旅游

◎三胡陈列馆

为缅怀先贤，弘扬前辈精神，打造对外宣传名片，鞍湖街道利用特有的人文资源，以原鞍湖文化站为基础，建设胡乔木生平陈列馆、胡公石书法艺术陈列馆和胡启东生平陈列馆，简称“三胡”陈列馆。该馆占地10亩，馆内整体建筑风格为徽派风格，于2012年6月成功承办了胡公石先生诞辰100周年纪念活动，得到了国家及相关省市书画大家和上级领导的好评。

三胡陈列馆

胡乔木（1912–1992）

胡乔木本名胡鼎新，笔名乔木，盐都鞍湖人。中国共产党杰出的理论家、政治家和社会科学家，1941 年 2 月起就任毛泽东秘书、中共中央政治局秘书，一直到 1966 年 6 月，长达 25 年，史称“中共中央一支笔”。是中共第八届中央委员、中共书记处候补书记，第十一届中央委员、中共中央书记处书记，第十二届中央政治局委员，1987 年当选为中共中央顾问委员会常委。胡乔木 1992 年 9 月 28 日在北京逝世，享年 81 岁。

■胡乔木生平成列馆

胡公石（1912–1997）

盐都鞍湖人。自小爱好书法。1935年毕业于上海暨南大学，毕业后师从于右任，为于右任的入室弟子，并入于右任创办的标准草书社，为标准草书学社编校。新中国成立后，他重建标准草书社，任社长。后任宁夏文史研究馆馆长、宁夏书画院院长、中国书法家协会理事、宁夏分会名誉主席、江苏省文史研究馆副馆长、中国标准化草书学社社长、中国台北标准草书学会名誉理事、中国书画函授大学名誉教授、国家一级美术师、全国政协第六、七届委员。著有《标准草书千字文》和《标准草书字汇》等。

■胡公石先生诞辰100周年纪念活动

胡启东（1885–1957）

爱国民主人士，原名胡应庚，盐都鞍湖人，清朝光绪十五年（1885）出生于地主家庭。他自小认真求学；青年时代才华横溢，工诗善文；辛亥革命成功后，当选国会众议院议员，是反袁世凯、斥段祺瑞、拒曹锟的勇士。抗日战争时期，他在盐常与刘少奇、陈毅等新四军领导人商讨抗日大事。生平著有《鞍湖文存》3 卷、《鞍湖诗存》1 卷等，并主撰《续修盐城县志》4 卷。1957 年 2 月 1 日逝世于北京，葬于八宝山革命公墓。胡启东为人正直，是一个光明磊落的爱国主义者、民主主义战士。

■宋泽夫雕像

◎宋泽夫纪念地

宋泽夫纪念园在盐都区秦南镇宋村东首，园内松柏高耸，绿树葱郁，修竹苍翠。园内有宋泽夫烈士陵墓，墓后是一幅高 3 米、宽 10 米的影壁，上塑胡乔木题词“声振千古”4 个深红色大字。

观光旅游

◎盐渎明城

盐渎明城为仿明清建筑街区，位于城南新区核心区，是市、区两级政府大市区服务业重点工程，致力打造具有盐城地方风情的复合型地产项目。总用地面积为 11 万平方米，总建筑面积 16 万平方米，容积率 1.46，总投资 5.5 亿元，是一座融生态休闲、文化旅游等为一体的仿明风格的古城。

■市井生活

■后门楼

◎华都森林公园

华都森林公园，座落于江苏百佳名镇——盐都龙冈镇境内，省级森林公园、全国农业旅游示范点、省四星级乡村旅游点。走进华都森林公园，你便身临其境地领略到“凤栖桃园迎东西南北客，龙卧沙岗展春夏秋冬景”的无限风光，感受到“世外桃园，十里花香”的独特景观。这里林木丛生，空气新鲜，是天然氧吧，身入其中使人感到心朗气爽，精神倍增，真正享受到大自然的魅力。

■园内寿星塑像

公园一景

◎大纵湖景区

大纵湖旅游景区位于盐城市区西南端，面积达 30 平方千米，是苏北里下河地区最大最深的湖泊。湖水清冽甘甜、水草丰茂、野鸟翔集、水产品极为丰富，“大纵湖清水大闸蟹”闻名四海；“纵湖十鲜湖鲜宴”誉满江淮。八方食客慕名而来者甚众。湖区内各种植物多达 120 种，野生动物 50 余种。景区 2009 年被评为国家 AAAA 级旅游景区，同时还荣获“国家水利景区”“江苏自驾游基地”称号。

■房车营地

■亲水湖畔一角

自驾游基地

这里不仅物华天宝，更具地杰人灵：“建安七子”之陈琳、明末清初的大书法家宋曹、“扬州八怪”之一的郑板桥均在此留下墨宝。这里有“二十四孝”之“王祥卧冰求鲤”“宗宝救母”的美丽传说、已有近四百年历史的水上名刹——龙兴寺、高达 25 米的苏北水乡第一佛——湖中观音、吉尼斯世界之最——芦荡迷宫等。景区初步形成了“赞美景、游迷宫、品湖鲜、找野趣”为主打的旅游产品。

景区东侧建有“东晋古城”，占地 975 亩，由综合服务区、历史人文主镇区、旅游商品餐饮购物区、特色会所集中区、酒店休闲娱乐区等组成。环湖景观大道环绕在景区的东侧，沿路有亲水平台、水景花苑、滨湖公园等。景区西侧建有“悦达大纵湖影视城”，在这里拍摄的首部央视大戏《我的绝密生涯》已在中央电视台播出。

大纵湖影视城

世纪公园一角

◎世纪公园

盐都世纪公园位于盐都行政中心正南，占地 280 亩，总投资 3000 万元，是区委区政府为实施大旅游发展战略和丰富市民文化娱乐生活而建造的多功能绿色生态园林式市民广场。广场融合了中国传统文化和盐城人文历史，由科技文化区、儿童活动区、中心活动区、民俗风情区、密林休闲区等五大功能区组成。设有下沉月亮广场、旱喷太阳广场、瀑布、水中森林、沙滩、绿岛、湿地、日晷雕塑、浮雕景墙、科普长廊、竹篱茅舍、亭台楼阁等 20 多个景点，通过孤植、群植、片植等手法，随机布置不同的景区，形成疏密有致、浓淡相宜、高低错落、远近得体、有动有静的不同景观，给人不同意境、不同情趣、不同风格的美的享受，集科普、休闲娱乐、健身、购物、旅游于一体，为苏北最大、全国一流的多功能绿色生态园林式市民广场。

世纪公园之绿

世纪公园之桥

世纪公园之亭

◎大云山寺

大云山寺又名山宫殿，位于大冈镇镜内，始建于唐朝，据《新唐记》记载，唐王授元年，法明和尚编撰了一部《大云经》献给武则天，称武则天为西天弥勒佛下凡，应该取代唐朝做天下主，权欲熏心的武则天当然十分赏识，她当即下令将《大云经》颁布天下，并吩咐在长安、洛阳及诸州各建大云寺一座。大冈大云山寺始建于此时，也是江苏省当时唯一以大云山命名的寺庙，距今已有 1300 多年历史。

大云山寺清初因火灾而毁，后于清朝中期由香芬法师重建，历经数载苦心经营，为歇马亭的碧云山、刘庄的紫云山“三山”之首，僧徒遍布四面八方。1942 年毁于战乱。为恢复历史文化遗产，弘扬传统文化，落实党的宗教政策，满足信众需求，经省、市、区相关部门批准，于 2001 在各界志士仁人的倾心帮助下恢复重建，现已初现大云山寺当年的神圣和雄伟。

■弥陀律寺

◎弥陀律寺

弥陀律寺亦称“南寺”，建于明代初期。构造艺术精湛，雄伟壮观。民间传说，当时苏州阊门有一对夫妇年迈无后，家资百万。为“积德来生”，乐善好施，最后将家中所有金银珠宝及细软装了几大车，用牛拖着向北走，立言“等牛不走为止，牛停在什么地方，就在那里建一座庙宇”。结果牛拖到龙冈南侧，再也不肯走了。当时，那块地方还很荒凉，居民很少。老夫妇住下，通过地方官府，委派专人督造，兴建庙宇，官方命名“弥陀律寺”，共建成 4 幢殿庙。为了纪念这一对老夫妇，在大雄宝殿释迦牟尼佛全身坐像两侧，分左右立夫妇 2 人的金身坐像。明代天启二年（1622 年），又在寺后建立放生庵，包括耳房，共有 200 多间。鼎盛时期，僧众达 100 余人。清朝中期，又进行修建，并设有装金的肉身和尚立龛 1 座。最后一名住持僧名融庆。当时，龙冈附近的文人墨客，经常到寺内与方丈吟咏对弈。

1941 年 3 月，新四军军工部在该寺建立迫击炮弹厂和修械厂，设 7 个分厂，主要制造地雷、手榴弹，翻造枪弹，修理机械，研制迫击炮弹等。同年 7 月 14 日下午，遭日机轰炸，军工部和军工厂分散转移。弥陀律寺遭彻底毁坏。2003 年 9 月 1 日，弥陀律寺易址镇北果树良种场。在冈南管理区境内开工重建。

◎净土寺

净土寺原名净土庵，位于清水蜿蜒、花树掩映的江苏盐都郝荣村，桃园之处有乐土，是扬州八怪之一郑板桥读书之所。所有的房屋，都是屏门格房扇，四周有廊坊相通。由前殿、后殿、东西厢房组成四合院，包括庵前的广场，占地 13.6 亩，后殿为正殿，共 5 间，东西设有小楼，飞檐翘角，古色古香。盐都区葛武街道立足特有的郝氏人文优势，结合自身的特点，全面打造以寺院为中心的“人文旅游特色古镇”的一个旅游亮点。2011 年，自小与佛结缘的郝柏村先生得知家乡将重建净土寺，非常喜悦感慨，发心报恩故里，率队拜访佛学泰斗、台湾佛光山开山宗长星云大师，向星云大师介绍净土寺历史及现况，星云大师作出重大开示并欣然挥墨为净土寺题名，希望净土寺得以顺利重建，祈愿正法久住，人心向善。

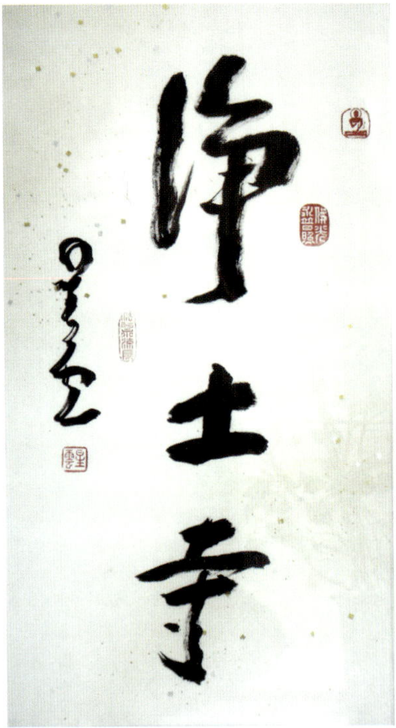

■净土寺效果图

■秦南镇施胜庵

■稳强生态园内寺庙

■湖滨街道龙兴寺

人文旅游

◎宋曹故居

宋曹（1620—1701）盐城新兴场人，清初著名书法家，爱国诗人，康熙元年至八年州府推荐，朝廷二次征召，宋曹不肯出林，隐居家乡潜心研究书法。康熙十七年，清朝廷以撰修明史，开博学鸿词科，征召海内名儒。侍郎严沆和江苏巡抚慕无颜共举宋曹赴征，他以毋老推辞，此后他离家出游，纵览全国名碑，博采众长，融会贯通，自成一家。

■故居内景

■宋曹故居

◎陈琳墓

陈琳，字孔璋，广陵射阳（今江苏宝应）人，为建安七子之一，生年无确考，惟知在“建安七子”中比较年长，约与孔融相当。汉灵帝末年，任大将军何进主簿。何进为诛宦官而召四方边将入京城洛阳，陈琳曾谏阻，但何进不纳，终于事败被杀。董卓肆恶洛阳，陈琳避难至冀州，入袁绍幕。袁绍使之典文章，军中文书，多出其手。最著名的是《为袁绍檄豫州文》，文中历数曹操的罪状，诋斥及其父祖，极富煽动力，建安五年（200年），官渡一战，袁绍大败，陈琳为曹军俘获。曹操爱其才而不咎，署为司空军师祭酒，建安二十二年（217年），与刘桢、应玚、徐干等同染疫疾而亡。

■赵朴初题碑的“陈琳之墓”

■七子岛

◎郝氏宗祠

葛武街道郝荣村北庄，紧挨着砖拱桥下东边的一幢大门朝南，前后两进的古色民居，便是原台湾国民党政府“行政院院长”郝柏村家乡的“郝氏宗祠”。郝氏家族始祖郝贵四，原是苏州阊门富户，因“洪武赶散”迁此，传至郝柏村，已历 18 代，郝祠建于明嘉靖二十五年（1546 年），清乾隆年间，郝建三扩修，民国十年（1921 年）再修时，大门上方的“龙凤灵奇”石匾，由郝柏村父亲郝绪龄手书。现已改为“郝氏宗祠”石匾。

保存至今的“郝祠”，仍保持晚清时的建筑风格，小砖青瓦，虎头滴水，朱漆大门，门头的鎏金大字“郝氏宗祠”嵌在高高的门头上。

整个祠堂分正堂和南屋两幢主体建筑。祠堂正厅是幢具备长廊的两室居建筑，西房正厅偏大，东西长 10.80 米，南北宽 6.90 米，东房偏小，东西长 4.60 米，宽 6.80 米。祠堂的建筑古色古香，朱漆廊柱，小瓦垂檐，雕梁画栋，木椽望砖，精雕细琢的镂空窗格。天井古树茂盛，最引人注目的是东北角一棵已有百年树龄的银杏树，茂密的树枝几乎遮盖了整个天井，两个成年男子相拥，都无法触碰到对方的手指。

■郝氏故居

■郝荣接待中心

■郝氏故里接待中心

■郝氏宗祠正门

■郝柏村故居

美丽盐都
创业开放 生态富民
Mei Li Yan Du
打造新高地 迈上新台阶

第七章 风姿绰约

Feng Zi Chuo Yue

创业开放　生态富民

革命烈士

■郭猛烈士遗像

郭　猛（1913～1941）

郭猛，名光昭，江西吉水县富滩乡人，1929 年，加入中国共产党，1930 年参加工农红军，任工农红军十七师红五团三连指导员。1933 年，在永新县石灰桥战斗中负伤致残，转青原山红色总医院修养，后任医院政委兼该院党总支书记。苏区被敌占领，他带领 100 多名伤员转入九龙山，任湘赣游击支队第三大队政委。抗战爆发后，任新四军吉安通讯处主任。随后先遣支队挺进苏南敌后，历任丹北挺进纵队政治部主任兼第一支队（团）政委、新四军江南指挥部一支队二团政治处主任兼扬中办事处主任，一师二旅四团政委等职。郭猛身经百战，屡立战功，黄桥决战后，所部转至东台、白驹、老圩一带。次年春活动于伍佑、秦南、大冈等地。1941 年 12 月 29 日，驻盐城、冈门、大孙庄等地伪军出扰，他率四团从乌龙堤的老吴舍兵分两路直袭敌人，俘敌 50 多人。在追击到唐刘河、吕家垛、吴家舍三角地带时，不幸中弹负伤，后转移到中湾庄时牺牲。中共盐城县委县政府、四团在中湾庄召开追悼大会，县委书记周利人致悼词，将永福乡命名为郭猛乡，郭猛遗体葬于中湾庄。

■郭猛烈士墓

■学富抗日烈士纪念碑

■杨学富烈士遗像

杨学富（1919–1946）

杨学富，盐城县第九区时桥乡时杨庄人，1919 年 1 月 26 日出生于一个贫苦农民家庭。全家 14 口人，仅有 8 亩薄田，2 间破草屋，主要靠给地主做长工、打短工过日子。幼年家贫，杨学富勉强读完初小，13 岁被迫辍学，20 岁时，他随三哥到上海靠拉人力车谋生。

1940 年冬，杨学富得知盐城解放的消息，便离沪返乡。参加地方民兵组织，决定抗日保家乡。1945 年 6 月，他加入了中国共产党。翌年，任时桥乡民兵中队长。1946 年 11 月下旬，国民党军队自东台、兴化分两路进犯盐城。12 月 6 日，驻兴化国民党军队 200 余人，在“还乡团”柏守清带领下，北犯秦南仓。7 日下午 2 时，敌军已抵达时杨庄，杨学富指挥民兵基干队阻击敌人，战斗持续 10 多分钟，因寡不敌众，便向西北方向转移。到达时杨庄西北五青舍时，杨学富不幸被俘，被敌人猛刺一刀，壮烈牺牲，时年 29 岁。

1947 年春，为了纪念杨学富烈士，叶挺县政府决定将烈士的家乡时桥乡改名为“学富乡”。后又陆续更名“学富人民公社”“学富乡”。2000 年撤乡建镇时又更名为盐都区“学富镇”。学富镇烈士陵园现为县级文物保护单位和县级爱国主义教育基地。

潘　克（1916–1941）

潘克，原名潘恒梓。1916 年 4 月出生于安徽省当涂县石桥乡新塘村伏龙桥的一个职员家庭。全家 6 口人，全靠当店员的父亲微薄的工资收入度日。因家境贫寒，潘克 11 岁才读私塾，断断续续读了 4 年。

日本侵略军侵占南京后，马鞍山、当涂相继失陷。潘克目睹了日军的暴行，深感民族危机深重，决心投入抗日斗争。

1938 年 10 月，潘克动员了许多热血青年，参加了以邵时安为主任的当涂县抗日民众总动员委员会，分赴全县各地开展抗日救亡活动。1939 年 2 月，潘克又带领一批青年投奔新四军二支队特务营，负责战地服务团工作。1940 年初调至以彭冲为主任的当芜工委工作。是年年底，随部队东进，来到盐城，参加开辟抗日民主根据地的工作，和区长崔济民率领全区干群与区队一起，向日伪展开针锋相对的游击战。1941 年 9 月 23 日下午，龙冈伪军徐少南部独立团 40 余人，伙同伪师部王伯明特务营 31 人，在汉奸蔡士元带领下，直扑潘克驻地——龙鱼舍。当时，潘克等 6 人正在杨花河边帮助群众秋收，发现西面伪军先头部队已窜至距驻地 200 米的柴塘沟边。他急忙报警，其他同志当即向杨花河东转移。这时，潘克已不能从容撤退，便利用西厨房作掩护，从屋后向龙鱼沟隐蔽而退。龙鱼沟岸陡水深，潘克因不识水性，不幸沉没河底英勇牺牲。

潘黄烈士纪念碑

■黄炜烈士亲属祭奠英灵

黄　炜（1921–1943）

黄炜，安徽省肥西县官亭乡拐洋村人。1921 年 10 月 5 日出生。他从小就勤奋好学，同情贫苦，助人为乐。风雨之日，经常背幼小同学爬沟越岭去上学，受到老师和同学们的一致好评。1937 年底，日军在攻陷南京后，渡江北犯侵占了合肥。黄炜目睹祖国山河破碎，同胞遭受蹂躏，胸中燃起愤怒的热火，他发誓："不当亡国奴，坚决走抗日之路。"1938 年 9 月，辍学的黄炜，毅然投身到由共产党领导的安徽省民众抗日动员委员会直属第 20 工作团。他深入霍邱乡村，以演唱等形式，宣传抗日，组织募捐，慰问前方将士。1940 年 9 月，为开辟苏北抗日民主军队，刚从抗大四分校毕业的黄炜，即随刘少奇率领的干部大队，向苏北挺进。进入盐城后，黄炜被分到一区工作，先后担任大孙庄党支部书记，区委委员、区委副书记、书记等职。1943 年秋，黄炜背患疖肿，疼痛不止，仍日以继夜地坚持工作。8 月 7 日深夜，他拖着红肿的左臂，忍着疼痛在太平乡蔡家舍主持召开乡支部会。直到午夜会议结束，他感到背部疼痛难忍，四肢无力，行走困难就在于如玉家住宿休息。第二天一早，伪军突然从南、北两面包围了蔡家舍，黄炜和徐广富立即向西撤退到大马沟吴大保渡口，他们跳上渡船，吴猛地用力一撑，船离开了岸，行至河心。这时，敌人已追到岸边，开始射击，黄炜对敌人反击后，纵身跳入河中，因他不会游水，沉没水下，为了人民的利益，献出了年轻的生命，时年 22 岁。

1946 年春，为纪念潘克、黄炜二烈士，县委决定将一区改名为潘黄区。1971 年，又将潘、黄二烈士的遗骨迁葬于公社所在地大孙庄，庄南面有一个池塘，塘中央有个小岛，二烈士的遗骨安葬在小岛上，立一座巍巍的纪念碑。90 年代后期，因整体规划需要，又将二烈士墓迁入潘黄镇烈士陵园。

曹文轩

曹文轩，北京作家协会副主席，北京大学教授、现当代文学博士生导师、当代文学教研室主任，儿童文学委员会委员，中国作家协会鲁迅文学院客座教授。入选教育部“跨世纪优秀人才培养计划（人文社会科学）”，承担国家教委八五科研项目“小说的艺术”和国家九五重点科研项目“二十世纪末中国文学现象研究”。

1954 年 1 月出生于盐都，当代著名作家。代表作有《草房子》《红瓦》《细米》《天瓢》等。先后获国际安徒生奖提名奖、宋庆龄儿童文学奖金奖、冰心文学奖、国家图书奖等奖项 40 多种，并获得 2016 年“国际安徒生奖”。

道德模范

■徐兆学做报告

徐兆学

徐兆学，1964 年 8 月出生，1983 年 10 月入伍，1988 年 11 月退役，2005 年 7 月入党。历任战士、班长，盐城市缫丝厂人武部干事、人武部长等职，1997 年 10 月调入盐都区人武部工作。徐兆学同志参加工作以来，始终牢记职责，坚持干一行、爱一行、钻一行、精一行，特别是 2002 年身患白血病后，仍然边治病边工作，顽强与病魔抗争，用“活着拼命干，死了不遗憾”的铮铮誓言诠释了一名共产党员的人生价值，荣获各类表彰奖励 60 多项。2012 年 7 月 10 日上午，这位老典型又有新壮举，面对向人群疾驰而来的失控轿车，他奋不顾身冲上前去，将在路上行走的 4 名群众推到路边，群众安然无恙，他自己却被撞成小腿胫骨双骨骨折。他的事迹在中央和省市 40 多家新闻媒体、网站宣传后，在军地引起了强烈反响，总后勤部政委刘源上将亲自打电话向他表示慰问，许多素不相识的群众前往医院看望陪护。这一年的 11 月，徐兆学荣登“盐城好人”榜首，并获第四届全国道德模范提名奖，受到中共中央总书记、国家主席、中央军委主席习近平接见合影留念。

■为红十字会捐款

董加耕

董加耕，原名董嘉庚，1940 年 2 月出生，葛武董伙人。高级政工师。1961 年 5 月，他放弃去北大求学的机会，回乡务农，成为毛泽东时代知识青年的代表。1999 年，董加耕入选“共和国英模”50 人。应共青团中央的邀请，20 世纪 60 年代的知青楷模、盐都区政协原副主席董加耕出席了 2012 年 5 月 4 日下午在北京人民大会堂隆重召开的纪念中国共产主义青年团成立 90 周年大会。会前，中共中央总书记、国家主席、中央军委主席胡锦涛为董加耕签名。

■董加耕事迹展览馆

■朱洪顺看望老人

朱洪顺

朱洪顺，1949年8月出生，中共党员，盐城市盐都区义丰镇民政助理。朱洪顺1996年从事民政工作以来，一直致力于为群众办实事、解难事、做好事。为了让全镇的孤寡老人有个舒适的家，他通过不懈的努力，新建了镇敬老院，在施工期间，不幸患上脑膜瘤，冒着瘤体随时可能破裂的危险，坚持先工作，后手术，直到晕倒在建筑工地上。手术后，他坚持一边治疗，一边工作。2006年，他又通过多种途径，筹集资金近220万元，新建敬老院二期工程900多平方米和三期工程1500多平方米，新增集中居住五保老人83人。为帮助军烈属、伤残军人脱贫致富，他发动全镇上下组织开展了“爱心献功臣”和“一助一”帮扶活动，成立“三老（老烈属、老伤残、老复员）致富基金会”，筹集帮扶资金32.9万元，帮助40户187人脱贫致富。为帮扶全镇残疾弱势群体，他协调创办福利企业四家，投资近千万元，创利税230万元，安排残疾人就业107人次，占全镇有劳动能力残疾人的80%。他还创办了“爱心超市”，全镇五保户、低保户等困难家庭凭爱心卡购物就可享受优惠。由于他的努力，该镇民政工作连续九年被区政府表彰为“民政工作先进乡镇”，先后被市委市政府表彰为“双拥工作先进单位”“爱心献功臣先进单位”“双拥模范乡镇”“村民自治模范乡镇”，镇中心敬老院被评为“市级十佳文明敬老院”和“省级文明敬老院”。朱洪顺同志个人事迹还先后被刊登在《中国社会报》《江苏民政》《江苏民政信息总楷模》《盐阜大众报》《党建与经济》《盐城晚报》等报刊上。先后荣获“盐城市十大优秀共产党员标兵”“盐城市百名优秀村支书”“优秀共产党员”“盐城市十佳优秀民政助理”“盐城市五一劳动奖章”、2006年度盐城市“十佳文明新事”等10多个荣誉称号，市委市政府还授予他2007年度二等功和“盐城市清政廉政镇干部”。2006年11月，他从北京捧回了国家民政部最高荣誉奖——“孺子牛”奖，并被国家人事部、民政部表彰为全国民政系统“先进工作者”，还受到了温家宝总理的亲切接见，他从北京回来后，将获得的1万元奖金捐给镇敬老院。

模范团体

陈文堂，大冈镇光华村三组一个普通农民。在北京久安建设投资集团河西水厂项目部打工。2012年7月21日晚上9:00多，他冒着瓢泼大雨在京久安集团河西再生水厂项目工地现场安全巡视时，听到临近的高速公路上传来了哭喊声、呼救声，原来高速公路已变成了一片汪洋，孤岛一样的大巴车顶站了100多号人。于是他很快叫上了他们一起打工的伙伴带着麻绳、救生圈、手电筒等飞快的奔向了出险的现场。他们中间会游泳的都跳下水，负责托送被困人员，妇女儿童趴在救生圈上一点点拽着绳子游到岸边；不会游泳的，将送上来的人，再转送到工地，顺便再喊上其他工友帮忙。陆陆续续前来营救的工人达150人。直到将近11点的时候，被困的大巴车才基本营救完毕。之后他们一点没有休息，就继续抢救其它被围困的车辆及人员，直至第二天的凌晨。据一份获救者名单显示，被救到工地的为182人。“加上回家的，还有拒绝来工地的，获救者人数大概有200人。”光陈文堂自己亲手救起来的有50多人。当近百人获救后，这个大巴车也漂了起来，“孤岛”完全沦陷。

被救的群众对他们的救人义举是感恩万谢，从陈文堂为首的盐都农民工救人团体谢拒了被救者对他们的“意思”。23日夜，北京市委书记郭金龙视察京港澳高速南岗洼段水灾现场。他和他们农民工群体所在的碧水源北京久安建设投资集团公司总经理杨中春有过一段对话。杨中春老家是他们大冈光华村人，自主创业多年，这些年在北京生意做得大了。郭金龙问杨中春是哪里人，杨中春告诉他，“我是江苏盐城人”，郭金龙说，“好啊，咱们还是江苏老乡”。在接见

■农民工救人团体

陈文堂时，听说他是第一个跳下水救人的，郭金龙拉着他的手，竖起大拇指，“真了不起，你真是大英雄！”7月29日，北京市丰台区委区政府也给他们农民工群体送来锦旗，上写：“抢险先锋、救灾功臣”。丰台区精神文明委送来的锦旗、北京市慈善会送来的锦旗上写着：“水灾困百姓、大义见真情”。陈文堂及农民工团体救人先进事迹被评为所在家乡盐城市盐都区“十佳文明新事”。

■农民工救人团队

■剧组演员向7·21北京暴雨盐城救人农民工团队献花

美丽
盐都
创业开放 生态富民
打造新高地 迈上新台阶
Mei Li Yan Du

第八章

魅力永续

Mei Li Yong Xu

创业开放　生态富民

碧水绿野

走在盐都大地上，你会发现，人与自然和谐共处，生态文明的画卷赏心悦目。从城市到乡村，天空湛蓝，河水清澈；从河堤到公路，草青树绿，生机盎然；从公园到小区，花团簇拥，美不胜收……这里是水绿世界，水是灵动的，绿是醉人的。集蓝天、大海、滩涂、森林、河流于一体的湿地生态环境，在全国具有惟一性。是自然与人文的和谐统一，也最能体现人类渴望回归自然并与自然和谐相融的愿望。在满目的郁郁葱葱、叠翠染绿中孕育着无限生机和希望。

■美丽夕阳

■向日葵花海

■大纵湖绿地

■碧水蓝天

■秋意浓

■新农居

水乡春早

希望

绿色生态

森林覆盖率，是生态区创建的一项重点指标。近几年来，把造林绿化工作作为生态区建设的首要工程来抓，按照“主攻成片林、重抓经济林、提升绿色通道、突破村庄绿化、栽足河堤堆圩、加强资源保护、提升营林水平、实现生态经济双赢”的基本思路，围绕成片造林 2 万亩、四旁植树 300 万株的目标，层层分解任务，落实责任，大力组织实施“3355”重点工程，重抓盐龙湖生态保护区、双新大道绿色通道和大马沟农业生态园 3 个千亩连片景观林建设。同时，各镇新建 3 个以上村庄绿化示范村和一条 5 千米以上的绿色通道，全面启动大马沟生态公园、润都公园和丽都公园建设，18 个街旁游园建成对外开放，累计新增绿地 275 公顷，新造成片林 5.8 万亩，四旁植树 380 万株，新增造林折实面积 8.7 万亩，城市绿化覆盖率提高到 41%，为“美丽中国”增绿添彩，为创建国家生态区奠定坚实的基础。

盐龙湖

■盐龙湖生态保护区

■大马沟生态公园

■北蒋生态公园

■禾嘉生态园

城乡统筹管理

区委区政府花大力气狠抓城市管理，统筹城乡发展，优化人居环境，围绕安居富民工程，坚持“共建共享”，放大已有民生措施的现实效应，着力推进基础设施向村庄延伸，公共服务向村庄覆盖，文明成果向村庄辐射，不断缩小城乡差距，增进民生福祉。以“把盐都区建成国家生态区”为目标，不断加大环境优美镇和生态村建设力度，坚持经济建设与生态建设一起推进、产业竞争力与环境竞争力一起提升，着力促进国家生态区建设与经济社会发展，城乡统筹建设对接融合。培育亮点，凸显特色，精心打造生态村庄、旅游景区、森林公园、高新园区、绿色产业、生态农业等观光带，力求每一个功能布局、每一幢重要建筑、每一片绿地广场、每一处公共景观都能彰显生态理念。

在做好这个安居富民住房工作的同时，还围绕如何为老百姓增收致富，建起了就业市场，为老百姓提供就业岗位，把安居和富民有机地结合起来。用现代发展理念引领农业，用现代科学技术改造农业，有现代经营形式推进农业。同时，拓展合作生产途径，提升公共服务供给效率，有效地提供城市公共产品和公共服务，满足了市民的公共需求，提升城市综合竞争力，促进了城市的可持续发展。

■农村垃圾处理中心

■盐都农村垃圾处理中心

结 语

盐都，是古老而又年轻的城市，她从远古走来，更向未来走去。

盐都，更是发展和开放的城市，她奉献了斑斓的历史长卷，更奏响着奋力崛起的昂扬乐章。

今日的盐都，正面临着前所未有的大好发展机遇，建设创业、开放、生态、幸福、厚德的新盐都，不仅是80万人民的共同期待，也是新时代发展对人们的共同要求。在这一片充满希望的土地上，平畴沃野，沟河纵横，长堤环绕，绿树掩映。从单一经济到多元经济，从传统农业到高效农业，一次次的创新与飞跃使得盐都人在平畴沃野间颠覆了犁翻耕种的传统概念，农业已成为一种诱人的产业，它连接着市场，连接着效益，更连接着希望。

承前启后，继往开来。盐都发展的新战略格局已经形成，区委区政府将紧紧依靠和带领全区人民，坚持把创新作为引领发展的第一动力，把协调作为持续健康发展的内在要求，把绿色作为永续发展的必要条件，把开放作为繁荣发展的必由之路，把共享作为全面建成小康社会的根本要求，凝心聚力、奋发图强，深入实施“五大战略”，努力将“十三五”发展蓝图变为生动现实。

全区人民将深入贯彻党的十八大和十八届三中、四中、五中、六中全会精神，深入贯彻习近平总书记系列重要讲话精神，统筹推进“五位一体”总体布局和协调推进“四个全面”战略布局，坚持稳中求进工作总基调，牢固树立和贯彻落实新发展理念，适应把握引领经济发展新常态，坚持以提高发展质量和效益为中心，以推进供给侧结构性改革为主线，以“两聚一高”为引领，重抓“一极一园一业”，致力产业强区、生态立区、富民兴区，推动各项事业发展和全面从严治党迈上新台阶，加快建设“强富美高”新盐都，在高水平推进全面小康社会建设中迈出坚实步伐，以优异成绩迎接党的十九大胜利召开。

新的蓝图催人奋进，新的使命责任重大。盐都人将以更加昂扬的斗志、更加务实的举措、更加优良的作风，抢抓新机遇，创造新优势，全面开启“十三五”发展新征程，为建设创业、开放、生态、幸福、厚德的美丽新盐都、率先全面建成小康社会而更加努力奋斗！

今日的盐都已美好，明天的盐都将更加辉煌！

后　记

《盐都年鉴》的逐年编纂，积累了丰富资料。建区 10 年之际，区委党史办准备在此基础上，编辑《盐都建区 10 年》，这一想法得到了当时区委主要领导的肯定与支持。区委党史办向全区下发了征稿（照片）通知，具体由唐华负责收集，各相关单位上报了部分照片与资料，后因种种原因未能成书。区委作出建设创业开放生态幸福厚德的美丽盐都部署后，为策应全区中心工作，区委党史办决定编辑《美丽盐都》。为提升画册质量，积极探索全新的编纂模式，特邀知名党史专家刘小清担任总策划，由唐华负责编辑。《美丽盐都》稿件和图片，由各相关单位提供，并在 2016 年 10 月经出版社编排后返还各相关单位校对、补充，同时借鉴区内已出版书籍，党史办诸同志也付出了艰辛努力，在此一并表示感谢。

书中疏漏不足之处，敬请广大读者批评指正。